深く豊かな人間探究をめざして

—— 経験科学からみた現象学 ——

中田基昭 著

多賀出版

はじめに

　筆者はこれまで、哲学としての現象学における人間の捉え方に依拠しながら、心身に重度の発達の遅れを伴なっている子どもたちや、小学校で日々行なわれている授業における子どもたちや、幼稚園等といった保育の現場での幼児たちの在り方や世界について、また彼らと教師との関わり合いについて研究を続けてきた。その結果、現象学を理論的背景とすることのない場合には捉えられなかった多くのことを明らかにすることができた。

　というのも、教育研究者として、保育や教育の現場で生じていることに常に直接関わりつつ、子どもたちの現実の在り方を出発点とすることにより、非常に多くのことを学ぶことができたからである。しかもその際に実感したことは、日常的に繰り返されているために特に気づかれることのないまま見過ごされている子どもたちの活動には、人間の本質的な在り方が潜んでいるのではないか、ということである。そして、フッサールやハイデガーやメルロ－ポンティやサルトルといった現象学の創始者の哲学は、人間の本質的な在り方を深く豊かに記述し解明している、という確信が筆者のなかで育まれてきている。

　こうした確信に至れたのは、本書の課題として具体的に示されることになるが、現象学は、我々一人ひとりの人間が生を営んでいる際に当人には気づかれないままに留まっているところの、人間として生きていくことを潜在的な次元で可能にしている本質的な根拠を記述し、解明しているからである。

　しかもこうした本質的な根拠は、それが人間の日々の生活を根源的な次元で可能にしているならば、どのような人間にとっても共有されているはずである。すると、こうした根拠は、すでに成長を遂げたおとなの場合よりも、成長過程の真っ只中における子どもの在り方において典型的に認められるはずである。実際、本書でも詳述することになるが、フッサールやメルロ－ポンティも、乳児や幼児の在り方や彼らが経験している世界について哲学の立場から考察している。そして、このことから間接的に窺われることは、子どもの生や在り方や

意識や世界を解明することは、人間一人ひとりの生を可能ならしめている根拠を解明することに、それゆえ現象学をはじめとする人間についての学問を極めることになる、ということである。このことを幾分敷衍すれば、子どもという存在は、以後の成長の基礎を育んでいるだけではなく、人間に関わる学問に対する本質的な根拠を身をもって生きている存在である、といいかえられるであろう。こうしたことから本書では、特に乳幼児期における子どもの在り方が取り挙げられることになる。

　現実の教育現場や保育現場における子どもの在り方を捉える際に現象学のはたしうる役割の重要性をしだいに強く抱くようになるに伴ない、筆者は、教育研究者として、現象学に基づき現実の子どもの在り方を探ってきたことに加え、次のような想いも抱くようになってきた。すなわち、教育研究を展開する際に、現象学の成果を教育や保育の現場で生じていることにたんに応用するだけでは、子どもの在り方を介して人間の本質に迫ることができないのではないか、という想いが筆者のなかで強くなってきた。こうした想いが湧いてきた第一の理由は、本書でも詳述することになるが、現象学の成果はもはや現象学ではなく、何らかの成果がもたらされたならば、その成果をさらに深めることが現象学には求められているからである。こうしたことから筆者は、現象学者によって記述されていることを出発点として人間についての学問を深めるためには、人間がいかにして自分自身を創りあげていくのかという観点から人間の在り方を捉え直すようになった。すなわち、現象学によって記述されている人間の本質的な在り方を、現実に生きられている人間が自分自身を捉える際に生じていることに基づいて解明しようと試みるようになった。こうした試みにより、筆者は、人間の根源的な本質は、自分自身を捉える際の困難さについての感受性と深く関わっている、という想いに至ることになった。こうした想いに駆られることにより、筆者は、いわゆる人間形成論を教育哲学の課題とするようにもなった。

　しかし、教育研究において哲学としての現象学に依拠しようとすればするほど、また現象学の成果が教育研究にとって非常に有用であることを実感すればするほど、現象学に一方的に依拠することの不十分さに対する感覚が筆者のなかで高まってきた。というのは、現象学に基づく精神病理学の側からは、哲学としての現象学に対する問題点の指摘がしばしばなされているからである。こ

のことについては本書でも詳述することになるが、現実の人間の、例えば精神の病に苦しんでいる人間の在り方や世界を解明するために哲学としての現象学を応用する際には、次のような問題が生じることになる。すなわち、哲学としての現象学においては、哲学する者自身の在り方や世界が解明される。しかし、現象学的精神病理学もそうであるように、いわゆる経験科学が人間について何らかのことを解明する際には、解明する者にとっては他者である人間の在り方や世界が問題とされなければならない。

　こうしたことから、現象学に基づく精神病理学は、哲学としての現象学の問題点を克服し、他者を理解するための手立てを、理論的にも、また現実の臨床場面においても展開しているのである。

　現象学に基づく精神病理学におけるこうした展開に強く影響を受けた筆者は、教育研究者としてこれまで行なってきたことは、研究者である筆者にとっては他者である子どもを理解することであった、ということを改めて自覚することができた。しかし同時に筆者は、現実の子どもについての教育研究を進めていくことによって、現象学に基づく精神病理学とは異なり、教師や保育者や親といったおとなと子どもは、同じ世界で同じことを共有し合いながら他者関係を育んでいる、ということにも気づくことになった。そしてこうした他者関係を解明することこそが、他者と同じ在り方で同じ世界を生きることが困難であるとみなされている現象学における他者経験論とは異なり、経験科学に特有の課題となるべきである、ということが筆者にしだいに明らかになってきた。その結果、筆者は、現象学の展開の歩みとその方法論に従いつつも、現象学によっては捉えられなかった他者の経験と世界をより豊かで深い次元で捉える、ということを自らの教育研究の課題とすることになった。

　しかし、こうした課題を新たに展開することにより、筆者は、哲学としての現象学における次のような問題にも気づかされるようになった。すなわち、現象学は、それまでは誰も遂行することがなかったという意味で、独創的な仕方で人間の本質的な在り方を解明している。しかし、独創的である以上、各現象学者の思索の内容は、当の現象学者の内面に閉じ込められているがゆえに、本来は私的で、個別的なものでしかないはずである。そして、本書での解明を先取りすれば、哲学としての現象学に本質的にそなわっているこうした個別性を

超えて現象学を普遍的な哲学にしうるのが、現実の一人ひとりの人間について解明することを課題としているところの、教育学もその一領域である、経験科学なのである。それゆえ、現象学に基づく経験科学は、現象学のたんなる応用研究ではないことになる。すなわち、経験科学は、現象学では捉えられなかったところの、他者の経験を当の他者と共有することによって、他者を深い次元でより豊かに捉えることを可能にしているだけではないのである。このことに加えて、現実の他者についての経験科学は、哲学としての現象学に本来そなわっている個別性を普遍性の次元にまで高めてくれることになる。

　しかしながら、経験科学による現象学の普遍化のこうした可能性が現象学の立場からこれまで指摘されなかったのは、近年における現象学についての多くの研究が次のような問題点を含んでいるからである、と筆者には思われてならない。

　筆者が知る限り、フッサールの速記草稿が著作集として次々に刊行されたり、ハイデガーの著作が全集として整理されるといったことなどと相まって、現象学に関する研究には、現象学の創始者の思索を文献学的な観点から取り挙げるものが非常に多い。こうした文献学的な研究においては、例えば、ある哲学者の思索内容の変化や、ある事柄や言葉の使い方についての時期に応じた変化や、他の現象学者との比較による思索内容の特徴や問題点の指摘や、それまでの先行研究においては取り挙げられることのなかった事柄や文言などに関する新たな解釈等についての考察が主要な部分を占めている。

　しかし、現象学の創始者は、本書で詳述するように、たとえ当の哲学者の内面で生じている出来事やそこから得られる思索内容に閉じ込められているとしても、哲学者として現実に生きられている一人の人間の本質を解明しているはずである。そうである限り、現象学のそれぞれの創始者よってたとえ異なる方法や異なる言葉や文章でもって人間の本質が記述されたり解明されているとしても、そこで取り挙げられている事柄自体はすべて現実の生きた人間に関する事柄である、ということになる。このことをある特定の人間を捉える場合でいいかえれば、次のようになるであろう。すなわち、現象学のそれぞれの創始者が記述し解明していることは、一見すると異なっているように思われるにもかかわらず、実は人間に関するある事柄についての多様な観点のなかの一つの観

点となっている、と。あるいは、ある創始者によっては捉えられていないことを他の創始者は捉えている、ということもあるはずである。それどころか、ある創始者においてはさほど深い次元では捉えきれていない事柄を他の創始者はより豊かに深く捉えている、ということもあるはずだ。

　現象学の創始者のそれぞれが捉えていることが以上で述べたような事態となっているならば、経験科学がある人間を捉える際に、その人間を多様な観点からより深く豊かに捉えるためには、特定の現象学者の記述や解明の仕方だけに頼るのではなく、可能な限り多くの現象学者の思索を駆使することが求められるはずである。

　こうしたことから筆者は、現実の教育や保育の現場における子どもたちの在り方や、人間の自己形成について研究する際には、可能な限り多くの現象学の創始者の記述や解明の成果を取り挙げてきた。すなわち筆者は、現象学のそれぞれの創始者の言葉や記述や解明の仕方の違いを際立たせることをせずに、むしろ彼らによって記述され解明されていることを駆使することにより、現実の人間の在り方を捉え直す、ということを教育研究の課題としてきた。そして、こうした課題を遂行することを介して、現実に生きられている一人ひとりの人間を多様な観点からより豊かに、しかもより深く理解することを試みてきた。

　本書においてもこうした仕方で現実の人間一人ひとりの在り方という「事柄それ自体」に迫ることを目指すために、筆者自身が実際に体験した具体例やエピソードを多く取り挙げる。そのうえで、これらの具体例を事例とすることに基づいて、現実の一人ひとりの人間の在り方を潜在的な次元で支えているであろう本質的な根拠を明らかにすることを本書の課題とする。それゆえ本書においては、あくまでも現実の人間の生の営みを経験科学の観点から解明することになる。そして、この課題を遂行する際には、現象学の創始者たちの記述と解明に沿いながらも、彼らによって打ち建てられた現象学自体の問題点を「事柄それ自体」に即して解消することにより、哲学としての現象学に本質的にそなわっている個別性を普遍化することを目指したい。と同時に、現象学によっては十分に解明されることのなかった我々人間の他者経験の根拠を明らかにすることによって、経験科学の観点から哲学としての現象学を捉え直したい。

　以上の課題を遂行するために、本書の各章では、以下のことをそれぞれ課題とする。

　第1章では、臨床心理学の立場から、質的研究方法についてかなり大胆な提言を行なっている田村隆一の主張を取り挙げる。というのは、筆者自身の研究方法もそうであり、本書でも一貫してなされているところの、いわゆる量的研究の対極にある質的研究に対して、田村は、従来の一般的な学問観に反して、あえて恣意的であれ、ということを要求しているからである。しかも田村によるこうした要求には、現象学において遵守されるべきとされている根本的な研究方法と相容れうる内容が含意されているからである。すなわち、質的研究に対して田村によって要求されている恣意性には、現象学の観点からすれば、矛盾したり相反していることが同時にそなわっているという意味での両義性に通じることが含意されているからである。こうしたことから、第1章では、田村の提言に現象学の観点から応えることにより、本書の課題と方法をあらかじめ示しておくことにする。

　第2章では、第1章で際立たせられる両義性が現象学における根本問題としてのいわゆる主観と客観との両義性と密接に関わっている、ということをまず指摘する。というのは、一人ひとりの人間は、一方において、自分自身を含めた世界に対して何らかの態度を取れる主体であると同時に、他方では、そうした世界内の一客体でもある、という矛盾した在り方をしているからである。すなわち両義性をそなえているのが現実に生きられている人間の在り方だからである。このことを示したうえで、そうした両義的な在り方が典型的に生じている事柄として、身体における主観と客観との両義性を取り挙げ、その内実を解明する。その結果、現実に生を営んでいる人間だけにではなく、こうした人間に関わる事柄には、純粋に主観的なことも客観的なことも存在しえない、ということを明らかにする。

　第3章では、こうした両義性をそなえている人間の在り方と世界を哲学の一領域として解明しているのが現象学であることをふまえたうえで、現象学は本来いかなる仕方で遂行されるべきかを、個々の現象学者の思索に沿いながら明らかにする。このことによって、現象学は、他の哲学や学問によっては捉えられることのなかったところの、日常生活を素朴に営んでいる時には気づかれる

ことなく隠されている人間の本質的な在り方を解明している、ということを示す。さらには、人間のこうした本質的な在り方が現象学者自身にあらかじめ予感されているということが、現象学を自ら遂行する際の暗黙の前提であることを明らかにする。しかし現象学は、その方法論に忠実に従うと、現象学者にとっては他の人間である他者の在り方を解明することができない。このことから第3章ではさらに、現象学によっては本来捉えられない他者の在り方を捉えることを課題としているのが、現象学を理論的な背景としている精神病理学である、ということを示す。しかし、現象学に基づく精神病理学においても、医師は自分にとっての他者である患者と同じ体験を共有してはいない。そこで、他者の体験が共有されるのは、他者と共に何らかの事柄や出来事に受動的な仕方で惹きつけられている人間の在り方においてである、ということをこの章の最後に明らかにする。

　以上の結果に基づき第4章では、日常生活においてだけではなく、学問においても、自分とは異なる他者の在り方を共に生きることはどのような隠された根拠に基づいているか、ということを探る。この課題を遂行するために、まずは、人間の生にはそれを捉えるに際し深さの次元がある、ということを明らかにする。そして、こうした深さの次元をより深めることを妨げてきたのが、いわゆる自然科学における出来事の捉え方と同様の仕方で、人間の生や在り方をそれ自体として完結しているものとみなした、哲学の言葉を使えば、即自とみなした捉え方である、ということを示す。そのうえで、こうした捉え方に陥ることなく人間を捉えるために、現実の人間の経験や経験対象を根源的に支えているのは一人ひとりの人間であるという観点から捉えられた人間の在り方が現象学においては実存と呼ばれていることを示す。そして、実存として生を営んでいる者は、本来不安に駆られていることと、不安に駆られている時の意識の在り方を、恐怖における意識の在り方と対比的に、解明する。その結果、自分の意識をことさら捉えようとすることにより意識自体が微妙に変化してしまう、ということを導く。そのうえで、こうした仕方で意識が微妙に変化してしまうのは、人間の意識がそれとなくそのつどの自分の意識の在り方自体に気づいているからである、ということを解明する。さらには、こうした意識の発生過程を、自分の活動によって自分自身が微妙に影響を受けている、という観点から

明らかにする。以上の結果に基づき、自分とは異なる他者からどのような影響を受けることができるかということに他者に対する感受性が基づいていることを導く。と同時に、他者は私とは異なる在り方をしているがゆえに、感受性豊かに他者をより深く豊かに理解することは、私をそれまでとは異なる私へと、すなわちより豊かな在り方へと導いてくれる、ということを明らかにしたい。

　第5章では、学問の領域において、自分とは異なる人間としての他者の在り方を解明することを課題としたところの現象学に基づく精神病理学が、いかなる観点から、いかにして患者という他者の在り方に迫ろうとしてきたのかを考察する。まずは、哲学としての現象学を経験科学の一領域である精神病理学に初めて応用したビンスワンガーを取り挙げ、彼が目指したことを考察する。と同時に、フッサール現象学の解釈に関するビンスワンガーの誤りを指摘する。さらには、ビンスワンガーの功績を認めながらも、現象学の成果を簡略化したことによる彼の誤りを指摘しているボスの見解について考察する。そのうえで、ビンスワンガーとボスの拓いた現象学的精神病理学を引き継いでいる木村敏とブランケンブルクを取り挙げる。というのは、この二人は、哲学としての現象学と経験科学としての現象学的精神病理学との決定的な違いを明確にしているからである。すなわち、前者においては現象学者自身の在り方が問題とされているのに対し、後者においてはあくまでも自分とは異なる他者としての患者の在り方を解明することが課題とされている、ということを上述の二人は理論的にも明らかにしているからである。しかし。彼らにおいては、他者である患者の世界が考慮されていない。そこで、他者を理解するためには、他者が彼の世界に関わっている時の道筋を他者を理解しようとする人間も共有することが求められる、ということを明らかにする。そのうえで、経験科学としての現象学的精神病理学は、現実の患者という一人ひとりの人間の在り方を明らかにすることにより、個別的な人間の在り方の根底に潜んでいる普遍的な本質を解明することを課題としている、ということを示す。そのうえで、精神病理学における問題点の解消の方向を示す。以上の解明の結果、現実に生きられている人間をより豊かで深く理解するためには、哲学としての現象学と現象学に基づく経験科学とのあいだで循環関係を展開していかなければならない、ということを導くことにしたい。

　第6章では、経験科学によって解明されることになる個々の現実の人間の在り方は、その独創性ゆえに本来個別的でしかない哲学としての現象学の思索を普遍的な思索としてくれる、ということを導きたい。このことを導くために、まずは、幼児によって描かれている個別的な一枚の絵が、実は、哲学としての現象学に固有の独創的な思索内容を語りだしている、ということを示す。さらには、お絵かきといった、日常的に繰り返されているために特に取り挙げられることのない幼児の在り方には、人間の在り方に関する普遍的な本質が潜んでいる、ということを明らかにする。それゆえ、日常的に繰り返される人間の営みをその根底で支えている普遍的な本質は、独創的な思索である現象学によって深い次元で豊かに解明されると同時に、現象学の思索の本質は現実の人間の生の営みを介して語りだされることにより普遍化される、ということを導きたい。

　第7章では、本書における以上の解明に基づき、他者経験の解明を目指している相互主観性の現象学は、現象学そのものの存立に関わる中心的な位置を占めていることをまず示す。そのうえで、相互主観性の現象学において他者経験の根拠とみなされているのが、意識が目覚める以前の子どもの自我であり、こうした自我が後に自分と他者とに分化していく、ということを主張しているフッサールの見解を取り挙げる。さらに経験科学の観点から、自我の確立以前の乳幼児における自分と他者との未分化な在り方を内実としているところの、癒合的社会性という状態を生きている時期の子どもの自我について考察する。その結果、哲学としての現象学においても、経験科学としての発達心理学においても、他者経験の根拠は、自我が確立する前の現実に生きられている乳幼児の在り方にある、ということを示す。そのうえで、こうした根拠としての乳幼児の他者関係の在り方は、子どもの誕生時にすでにそなわっている潜在的能力によって支えられていることを明らかにする。しかも子どものこうした潜在的能力は、親を典型例とした親密なおとなとの現実的な関係によって発揮される、ということを示す。その結果、子どものこうした潜在的能力は、おとなとのあいだで生じるところの、お互いに相手の身体活動を考慮しながら活動することによって、本書の言葉を使えば、おぎない合う呼応によって発揮される、ということを解明する。

　以上のことを解明したうえで、相互主観性の現象学や発達心理学において他者関係の根拠とされているのは、経験科学として本書でなされてきた乳幼児の在り方の解明によって、誕生時にすでにそなわっているためすべての経験に先立っているという意味で、幼児のアプリオリな潜在的能力のことである、という結論を導きたい。そして、このことが導かれることによって、すべての学問を基礎づけることを目指している哲学としての現象学は、その問題点の解消を含め、経験科学の観点から捉え直されなければならない、ということを最後に示すことにしたい。

　なお、先に述べたように、本書では様々な現象学者の思索を引き合いとするため、ドイツ語やフランス語の原典から引用する場合には、あくまでも「事柄それ自体」に即した訳語を使用することにした。そのためそれらからの引用に際しては、必ずしも邦訳書には従わなかった。

　引用に際しては、邦訳書のあるものについては、原典の頁数と共に、その頁数も併記する。

　その際には、以下の略記号を使う。

　〔　〕は、引用文中や本文中における筆者による補足を示す。

　a.a.O. は「前掲書」を、ebd. は「同所」を、ibid. は「同書」ないしは「同所」を、vgl. と cf. は「参照」を、f. は「以下」を、……は引用文中の「省略箇所」をそれぞれ示す。

　ただし、ハイデガーの『存在と時間』とサルトルの『存在と無』の邦訳本の引用箇所を指示する際には、翻訳本の巻数を示すⅠ・Ⅱ・Ⅲと頁数を記す。

　最後になりましたが、教科書や入門書やいわゆるハウ・ツー本以外の出版が厳しい昨今の状況にもかかわらず、本書のような専門書の出版を快くお引き受けくださった多賀出版株式会社・代表取締役であられる佐藤和也さんには、心より感謝の言葉を述べさせていただきます。佐藤さんには、さらに、前著『現象学から探る豊かな授業』（2010年）に引き続き、今回も編集の労をお引き受けいただいたおかげで、本書の刊行の運びに至りました。

　しかも佐藤さんは、本書の内容に関する筆者の希望を全面的に受け入れてく

ださいました。佐藤さんのこうしたご配慮のお陰で、現実の人間について深く豊かな研究を新たに開拓するための理論的観点を本書で十分に展開することができたことについても、深く感謝しております。

2021年1月　　筆者

初出一覧

第 1 章　「現象学に基づく実践と研究の方法論」人間性心理学研究第33巻第 2 号
　　　　2016を加筆・修正

第 2 章　「人間存在における主観と客観との両義性」人間性心理学研究第32巻
　　　　第 2 号　2015を大幅に加筆・修正

第 3 章　「他者経験の現象学と他者の他者経験の解明」現象学研究14　1998
　　　　の一部を使いながら新たな論を展開

第 4 章　「人間研究における生の深さとその感受」人間性心理学研究第22巻第
　　　　1 号　2004を大幅に加筆・修正することにより新たな論を展開

第 5 章　書き下ろし

第 6 章　「発想の源流としての独創性」人間性心理学研究第36巻第 1 号　2018
　　　　を大幅に加筆・修正

第 7 章　「乳幼児における信頼とその根拠」人間性心理学研究第31巻第 2 号
　　　　2014を大幅に加筆・修正することにより新たな論を展開

　日本現象学会・編集委員長および事務局長、ならびに日本人間性心理学会・編集委員長および事務局には、上記の初出論文の加筆・修正による本書への転載をご許可いただいた。この場をお借りして、感謝の意を表したい。

目　次

深く豊かな人間探究をめざして
――経験科学からみた現象学――

第1章　現象学に基づく質的研究の意味と意義

　臨床心理学者である田村隆一は、「人間性心理学の研究法と研究上のチャレンジに対する提案」（田村, 2015）という論題のもと、質的研究に対してかなり大胆な提案を行なっている。というのは、本書においても理論的背景としているところの、現象学に基づく人間研究の根幹が、田村のいくつかの短い言葉によって見事に表現されていると同時に、現象学に基づく人間研究の両義的な在り方が問われているからである。

　そもそも、学問や研究にとっては、何よりも実証性が重んじられているはずである。しかし田村は、あえて次のようにいう。「質的研究を行う際は、その原点に立ち返って、恣意的な判断という批判に立ち向かって、あえて恣意的であることの意義、恣意的でなければならないことを主張するなどして、より質の高い研究をめざすべきと考える」（同書, 67頁）、と。

　しかし、日常語としての恣意は、「気ままな心」や「自分勝手な考え」（『広辞苑』1976）を意味している、とされている。学問の領域でも、すでによく知られているように、ソシュール言語学における恣意性（arbitraire）という概念は、言語記号と記号内容とのあいだには自然な、あるいは必然的な結びつきや関係のないことを意味していた。こうした捉え方が暗黙のうちに以後の学問において踏襲され、恣意的という言葉は、何らかの根拠や論拠をもたない自分勝手なことを意味している、とみなされているようである。

　日常語としても、また学問の領域においてもこうしたいわば否定されるべき言葉であるにもかかわらず、田村は、質的研究は質を高めるために恣意的であれ、とあえて提案している。

　一見すると、研究における質の高さと自分勝手な考えを意味している恣意性という、矛盾した、あるいは相互に相反する特徴を同時に担わされているという意味で両義的な、それゆえ大胆な提案によって、田村は質的研究に何を求めているのだろうか。また、質的研究としての現象学に基づく人間研究は、田村

の提案に沿いうるのだろうか。本章では、こうした問いに現象学の立場から応えることによって、現象学に基づく質的研究に本来求められている研究における質の高さと豊かさについて探ることにより、本書の課題についての意味と意義をまず明らかにしておきたい。

　まず第1節では、現象学に基づく人間研究についての田村によるいくつかの言葉を現象学の観点から捉え直す。第2節では、質的研究のために田村によって求められているスキルとはどのようなものかを示す。第3節では、田村によって提案された質的研究の曖昧さを現象学の観点から捉え直す。第4節では、質的研究の基盤とされる実感の内実を、子どもの遊びを例として、具体化する。第5節では、田村によって提案されている、質的研究における曖昧さの甘受と柔軟性について、現象学の立場から捉え直す。そのうえで、曖昧さを両義性として捉えることの意義について述べる。

第1節　質的研究に対する恣意性の要求

　田村によると、人間に関わる心理学は、「『実感の心理学』である」（田村, 2015, 65頁）、とされる。というのは、そうではないと、「研究対象との距離が遠すぎることによってリアルな感覚が失われる」（同所）からである。そして、この観点においてこそ、哲学の一領域である現象学は、以下で探るように、現実的で具体的な一人ひとりの人間の在り方に迫ることによって、リアルな感覚をそのまま文章表現にもたらすことを可能にしてくれるのである。

　現象学者であるメルロ‐ポンティは、このことを次のように表現している。すなわち、現象学のような人間に関する思索とは、「思索の対象を生まれたままの状態で、その対象がかつて包まれていた意味の雰囲気と共に、その対象を生きる者にそれが現われるままの姿で捉えるような思索のことであり、当の雰囲気のなかへと自から滑り込んでいき、……〔ある人間を〕問題とする場合には、主体〔としてのその人間〕の全存在を、……みいだそうとするような思索」（Merleau-Ponty, 1945, p.140, 205頁）のことである、と。

　この引用文中の思索の対象とは、人間研究の場合でいいかえれば、現実的で具体的な一人ひとりの人間のある時ある場における在り方のことであり、人間

について思索することは、その人間の全存在を当人に実感されているままに捉えることである。

　こうした仕方で人間を捉えることが実際にはどのようにして可能となるかについては、後で探ることにするが、そのためにも、もうしばらくは田村の言葉を追ってみたい。

　人間に関わる心理学は実感の心理学であることをまず標榜した田村は、そのうえで次のようにいう。「そもそも質的研究法を提唱した理由の大きな部分は、恣意性を排除し、客観性〔＝哲学では実証性〕を高めることによって、失われる情報〔＝哲学では現実ないしは事実〕が多いという反省によるからである」（田村, 2015, 67頁）、と。実際、筆者が知る限り、質的研究の提唱者のほとんどが、このことを自分の研究方法の意義と正当性とみなしているようである。

　しかし、田村は、質的研究で一般的になされているこうした提唱の繰り返しに留まらず、こうした提唱の背後に隠されている次のような問題点を鋭く指摘している。

　筆者自身も常に感じていることでもあるが、田村も、質的研究の問題点として、「複数の質的研究法で細かい手順が定められている」（同所）ことを挙げている。田村のいわんとしていることを筆者なりに具体的に述べれば、細かい手順としては、次のようなことが挙げられる。

　研究協力者への面接を行なう場合には、構造化面接、半構造化面接、非構造化面接といった面接法を挙げたうえで、そのうちのどれかが選択されるが、その際、半構造化面接が非常に多く採用されている。参与観察をする場合は、観察の際の記録方法について詳しい説明がなされる。収集された資料の分類や整理の恣意性を排除するために、複数の人間に判定してもらう。資料収集から考察に至る際に、当の研究が採用している研究手順に則っていることが詳しく説明される、といった手続きが細かく定められている。

　しかし、研究上の手順をこのように細かく規定することは、田村の先の引用文で述べられていたところの、質的研究の本来の提唱理由に反することになる。しかも、このこと以上に問題なのは、「質的データを扱った研究で、だれでも想像できるような単純なラベル化が行われる」（同書, 68頁）、ということである。

　細かい手順が定められていたり、単純なラベル化が行なわれていたりすることからは、まさに田村のいうように、そうした質的研究では、「既存の枠組みとは違う有用な概念を生み出せるかどうかよりも、分析手順のほうに重点が置かれている」（同所）、とみなさざるをえなくなる。

　しかし、田村は、有用な概念を新たに生みだしさえすれば、現象学を典型とする質的研究がたんなる恣意のレベルに留まっていてもよい、とみなしているわけではないだろう。というのも、田村は、質的研究における恣意性の積極的な意義を提案しながらも、同時に次のようにも述べているからである。つまり、「現象学的な理念は理解できていても、それを実践するには、スキルが必要である」とし、質的研究には「すぐに結論を出さずにその曖昧さに耐え、多くの可能性を想定できる柔軟性が求められる」（同所）、と。

　では、田村によって必要とされる「スキル」とはどのようなものであり、彼によって求められる「多くの可能性を想定できる柔軟性」とはいかなることだろうか。田村自身は、この問いに直接応えていない。そこで、以下では、この問いに現象学の立場から応えることを試みたい。まずはスキルについて探ってみたい。

第2節　現象学に基づく質的研究のためのスキル

　スキルとは、一般的には、細かいステップを踏みながら、ある一定の期間をかけて特に意識しながら訓練や試行錯誤を繰り返したり、他者からかなり丁寧な教えを受けることによって、新たに獲得される技術や技能のことであり、一旦獲得されると、それを使って以後の活動をさほど苦労することなく実現できるようになる能力のことである。

　このことを、先に引用した田村の言葉に即しつつ、人間に関する研究におきかえれば、次のようになる。まず明らかなことは、この場合のスキルとは、ある研究方法によって定められている細かい手順を身につけたり、誰でも想像できるような単純なラベル化ができるような能力のことではない、ということである。また、このことの対極にある、当の研究が依拠している何らかの学問の理念を、例えば現象学の理念や現象学に特有の言葉や文章等を理解することだ

けで身につけられるようなものでもないはずである。

　特に後者の何らかの学問や現象学の理念に含まれている言葉等を理解することに関しては、多くの質的研究に見受けられる、次のような形式的な論文の書き方から、スキルの問題が明らかになる。

　スキルに関するこうした問題が際立っている論文では、まず、恣意性を排除し、実証性を高めるために、質的研究の正当性と妥当性が一般的な観点に基づいて述べられる。その後すぐに、当の研究が依拠する現象学〔ないしはある哲学や心理学の研究方法論〕の理念が、研究対象に関わらせて、やはり一般的な仕方で述べられる。

　そうした論文の典型例としては、例えば次のようなものが挙げられる。

　当該論文では、○○をしている人間を取り挙げ、例えばその人間の葛藤やその克服の過程といった、◎◎という在り方や意識や内面の想いを△△という観点から捉える、あるいは明らかにする。その際、やはり◎◎について△△という観点から捉えているＡという現象学者〔あるいは哲学者や心理学者等〕のαやβという言葉や概念に依拠する。というのは、Ａはαやβについて次のように述べているからである。すなわち、αとは「引用文S_1」のことであり、βとは「引用文S_2」等々のことだからである。

　こうした仕方で、田村のいう現象学的〔あるいは哲学的・心理学的〕な理念等を著者自身がどう理解しているかが、また読み手にその理解を共有してもらうための方向が示される。その後に続く本文では、こうした理念に基づき、○○をしている人間の状況や状態が詳しく記述される。と同時に、例えばその人間の葛藤やその克服の過程といった◎◎という在り方や意識や内面の想いなどが著者によって説明されたり、考察されたりすることにより、何らかの結論が導きだされる。以上で概要したようなことがそうした研究のごく一般的な形式であろう。

　では、スキルという観点からすると、こうした研究内容に関しては、どのようになっているのだろうか。

　ここまでで述べた質的研究の形式についての一般的な論の展開からまず垣間見られるのは、次のことである。すなわち、現象学的〔あるいは哲学的・心理学的〕な理念等の記述の後に続く本文では、理念等の記述の部分で使われてい

たαやβという言葉がほとんど使われていないか、使われていたとしても、A
という現象学者〔あるいは哲学者や心理学者〕の言葉に沿うことなく、多くの
場合、それらの言葉の日常的な使われ方に変わってしまっている、ということ
である。しかも、αやβについての「引用文S₁」や「引用文S₂」については、
ほとんどの場合、無視されている。そのため、現象学的〔あるいは哲学的・心
理学的〕な理念の理解と本論における研究協力者の在り方についての記述との
あいだで大きな乖離が生じている。

　あるいは、その対極として、こうした乖離を避けるためであろうが、本論で
の説明や論述が引用文でほとんど埋め尽くされており、あたかも先行研究の紹
介のために○○をしている人間の◎◎という在り方が取り挙げられているので
はないか、といった印象を抱かざるをえない研究もしばしば見受けられる。つ
まり、こうした研究では、研究されている人間の内面の想いや在り方について
の解釈のほとんどが引用文によってなされるだけとなっているのである。

　すると、質的研究では、現象学的〔あるいは哲学的・心理学的〕な理念の理
解と本論とのあいだに乖離が生じないようにするために、両者のあいだの相互
連関が明確となるような記述がなされなければならないことになる。著者自身
が説明したり、まとめとして結論を導いたりする前に、引用されている現象学
〔あるいは哲学や心理学〕の言葉や引用文に基づきつつも、それを超えて、研
究されている人間の◎◎という在り方や意識そのものを解明するための著者自
身による記述がなされなければならない。このことをスキルという観点からい
いかえれば、次のようになる。すなわち、現象学的〔あるいは哲学的・心理学
的〕な理念は最小限に留め、研究の本論でこそ、研究されている人間の在り方
や意識そのものを現象学〔あるいは哲学や心理学〕の言葉や引用文を超えて語
りだすためのスキルが求められる、と。

　それゆえ、こうしたスキルを身につけていなければ、本文での記述は、田村
のいうように、「だれでも想像できるような」人間理解のレベルを脱すること
ができなくなる。

　他方、こうしたスキルを身につけることは、日常的に捉えられている、ある
いは学問における自分勝手なという意味での恣意性を避けることにつながるは
ずである。というのは、現象学〔あるいは哲学や心理学〕の言葉や引用文は、

人間の在り方について深く豊かな記述がなされている著作からのものであるならば、それに基づきつつそれを超えた記述は、研究する者の自分勝手な私見ではないからである。あるいは、少なくとも、著者によってそうみなされている著作からの引用であるからである。

　しかしここで注意すべきことは、こうしたスキルが十分に身についている者による質的研究に対しても、田村は、第 1 節で引用したように、「その曖昧さに耐え、多くの可能性を想定できる柔軟性が求められる」という警鐘を鳴らしている、ということである。

　では、「曖昧さに耐え」たり、「多くの可能性を想定できる柔軟性」という言葉には、いかなることが含意されているのだろうか。田村自身は、それらについて直接記述していない。そのため、ここからは本書独自の見解を展開せざるをえなくなるが、最終的には、恣意性についての田村の想いに繋げられるように論を展開することを試みたい。

　論のこうした展開を遂行するために、まず次節では、質的研究における曖昧さの必要性について明らかにしておきたい。

第 3 節　質的研究における曖昧さ

　第 2 節までで探ってきたように、質的研究においてもそれに見合ったスキルを身につけることがまず求められる。しかし、こうしたスキルを身につけるだけでは、田村のいうような「より質の高い研究」における恣意性の本質はみえてこない。

　というのは、こうしたスキルを身につけるだけでは、人間に関わる研究は、現象学〔あるいは哲学や心理学〕のいわゆる応用研究に留まってしまうからである。田村のいう、「研究にとって必要な……未知なる領域に分け入るときの期待感」（田村, 2015, 69頁）は、第 2 節で述べたようなスキルを身につけるだけでは得られない。たしかに、例えば、Aという現象学者〔あるいは哲学者や心理学者〕の言葉や文章に沿うことによって、現実的で具体的な人間の在り方が、誰にでも想像できる文言によっては描けなかった次元で初めて描けるようになれば、未知なる領域に分け入ることができた、という充実感は得られるで

あろう。しかし、こうした仕方である人間について未知なる領域に分け入ることができたとしても、この時と同様の言葉や文章で他の人間の場合にも同じようなことを描こうとするならば、その時には、未知なる領域に分け入る時の期待感を抱くことはもはやできないはずである。研究におけるこうした事態には、「同じ方法論を横にずらした〔＝他の人間や領域に再応用した〕だけ」といった言葉が当てはまってしまう。

　では、未知なる領域に分け入る時の期待感を常に抱けるような質的研究とはどのような研究であろうか。この問いに応える際の導きとなるのが、「すぐに結論を出さずにその曖昧さに耐え」、という田村の言葉ではないだろうか。

　そもそも完全な人間理解には至れないということが、人間に関わる研究の根底に潜んでいるはずである。人間に関わるどのような研究でも、人間の極め尽くし難さゆえに、人間存在の豊かさと深さには到達点がない。またそうであるからこそ、未知なる領域に分け入る際の期待感が枯渇することは本来ないはずである。逆説的ないいかたをすれば、こうした期待感を抱けなくなった者は、もはや研究者ではない、とさえいえるはずである。

　それゆえ、現象学でも、現象学のある一つの成果は新たな現象学の始まりである、とされている。メルロ－ポンティのいうように、「現象学の未完結性と、はじめから辿り直していく現象学の歩みは、一つの挫折の徴候ではなく、むしろ避けられえないこと」（Merleau-Ponty, 1945, p.XVI, 25頁）にならざるをえなくなる。

　このことこそが、人間研究の場合で述べれば、田村がいうところの、結論の「曖昧さに耐え、多くの可能性を想定できる柔軟性が求められる」ということの真意〔＝深意〕ではないだろうか。メルロ－ポンティも、同様に、現実的で具体的な人間についての「生きた思索は、あるカテゴリーのもとに包摂する、といったことにあるのではない」（ibid., p.149, 同書, 218頁）とし、「多義的なことが人間的実存にとって本質的であり、生きているすべてのものは、あるいは思索しているすべての者は、いくつかの意味をいつもそなえている」（ibid., p.197, 同書, 279頁）、としている[1]。

　すなわち、人間に関わる研究にとっては、特に質的研究においては、第2節で述べたようなスキルをどれほど身につけても、そのスキルに基づく結論は、

人間の全存在のいわば氷山の一角についてなされたものでしかない。しかもその一角でしかない結論でさえ、水面下に隠されている在り方によって支えられている以上、暫定的で、曖昧なものでしかなく、多くの可能性という多義性をそなえているはずである。研究されている人間だけではなく、人間について思索したり研究したりしている者でさえ、いくつかの意味をそなえて思索したり研究したりしているはずである。それどころか、思索者や研究者も一人の人間として存在している以上、いくつかの意味をそなえて生きているはずである。すなわち曖昧さ（ambiguïté）をそなえて存在しているはずである。そうである以上、こうした曖昧さに耐えることこそが、人間に関わる研究をより豊かに、より深みのあるものに、しかも田村がいうところの、柔軟なものにしてくれるはずである。

　では、「曖昧さに耐え、多くの可能性を想定できる柔軟性」をそなえた質的研究は、具体的には、どのようにして可能となるのだろうか。

　しかし、この問いに応えるためには、人間に関わる心理学は、「『実感の心理学』である」という田村の言葉を改めて捉え直すことが必要である。というのは、後の第5節で探ることになるが、田村における質的研究に対する恣意性の要求は、現実的で具体的な一人ひとりの人間の在り方に迫る際の実感が前提となっているはずだからである。そこで次節では、ある人間に迫る際の実感について、現実の具体的なエピソードに基づき、探っておきたい。

第4節　質的研究における実感

　第1節でのメルロ‐ポンティからの引用文にあった、ある人間を問題とする場合に、主体としてのその人間の全存在をみいだそうとすることは、人間について思索したり研究したりしている者に限られない。例えば、ままごと遊びで、自分の家族の活動を再現している幼児は、再現される家族の身体的振る舞いや言葉を的確に再現している。そのため、幼児のままごと遊びを見ているおとなは、家庭での現実の日常生活のなかで、子どもが、家族の言動を鋭く捉えているだけではなく、家族の誰かが他の家族に対して抱いている想いまでをも的確に洞察している、ということに驚かされることが非常に多い。それどころか、

自分の家庭生活が再現されているのではないにもかかわらず、あたかも自分の家庭が暴露されているかのような気恥ずかしさを覚えることさえある。

　しかも、ままごと遊びをしている時の幼児の身体の動きや口調は、その幼児によって他の場面では決してなされたり発せられたりすることのないものでありながらも、再現されている家族の身体の動きや口調をまさにありありと彷彿させるほどのリアリティーをそなえている。しかし、だからといって、ままごと遊びで、例えば家族のために台所で料理をしている母親役の幼児は、現実の母親が料理をしている時の身体の動きをそっくりそのまま再現することはしない。ところが、多くの場面で、「ママはそんなことしない！」という、母親役の幼児に対して他の役の幼児から発せられる非難からは、「ママならば○○をするはずだ！」、「○○をしないとママじゃない！」ということを幼児は驚くほど的確に捉えている、ということがみえてくる。そのため、○○がままごとで再現されないと、ままごと遊びが成立しなくなるほど、幼児は、あるべき母親の在り方に強くこだわる、ということが明らかになる。

　こうしたことから、ハイデガーの解釈学をさらに展開しているガダマーも、他者の身体的振る舞いや口調を再現する際には、すなわち他者を模倣する際には、模倣している者は、現実のものをたんに「写し取る」のではなく、「〔本質に関わらないものを〕省略したり、〔本質を〕浮き彫りにしたりしなければならない」（Gadamer, 1975, S.109, 166頁）、というのであろう。ままごと遊びの場合でいえば、幼児によって模倣されている母親をその幼児にとっての母親たらしめているところの、その母親の本質が浮き彫りにされなければならない。それゆえ、先の「ママはそんなことしない！」という、母親役の幼児に向けられた批判の言葉には、そのようなことをしたら、母親の本質を浮き彫りにできない、母親の本質を浮き彫りにするためには、○○をしなければならない、ということが含意されていることになる。そして、母親の本質が浮き彫りにされれば、現実の料理の際に必要な身体や手先の細かい動きなどは、母親の本質とは関わらないために、むしろ省略されなければならないことになる。

　以上のことからすれば、例えば家族の食事の場面をままごと遊びで再現している時に、母親役の幼児が父親役の幼児に対して、「あなた、新聞を読みながら食事をするのはやめてくださる！」と言い、その際、父親役の幼児を含め、

他の幼児たちからも、「ママはそんなこと言わない！」といった言葉が発せられなかったという、現実のエピソードからは、次のことが明らかとなる。すなわち、この時の母親役の幼児の行為は、幼児たち全員によって、母親の本質を再現している、とみなされていたことが明らかになる。

　しかも、この時の幼児の表情や口調からは、ままごと遊びでの多くの幼児の表情や口調と同様、見ている者にとっては、この幼児の母親がそのような表情や口調をしていたであろうことをまさにありありと彷彿させるほど、当の幼児が母親になりきっていることを感じさせる。すなわち、先の言葉には、家族のために心を込めて作った料理が父親によって新聞を読みながら食されることに対する母親のやるせない想いまでもが再現されているのである。

　すると、この時の幼児は、第 1 節でのメルロ – ポンティの引用文にあったところの、次のことをまさに身をもって体現していることになる。すなわちこの幼児は、先の言葉が現実の食事場面で母親によって生みだされたままの状態で、その言葉がかつて包まれていた意味の雰囲気と共に、その言葉を生きていた母親や家族全員にそれが現われるままの姿で、母親や家族の在り方を的確に捉えていたことになる。それゆえ当の幼児は、ままごと遊びでこの言葉を自ら発することにより、この言葉が発せられた当の雰囲気のなかへと自から滑り込んでいき、主体としての母親の全存在をみいだすことによって、母親の本質を浮き彫りにしていた、とみなせるはずである。

　そうである以上、第 1 節の冒頭で引用した、実感についての田村の言葉に含意されているであろう、現実的で具体的な一人ひとりの人間の在り方に実感をもって迫ることを、この幼児は遊びのなかで見事に実現していたことになる。しかも、母親という一人の現実的な人間の在り方にその幼児が実感を伴って的確に迫っていたことからは、さらに次のことも明らかになる。すなわち、そのままごとを見ている者にも、当の幼児による母親の捉え方が実感されることからは、質的研究による人間に関わる研究がどのような実感を大事にすべきかがみえてくるはずである。というのは、ままごと遊びにおける幼児は、現実の人間がどのような在り方をしているか、その人間をその人間たらしめている本質を表現するためには、何を省略し、何を浮き彫りにしなければならないかを実感をもって的確に洞察しているからである。このことは、まさに人間に関わ

る研究においてある人間の本質を実感しつつ明らかにする、ということに相当している[2]。しかし、ままごと遊びを行なっている幼児は、当然のことではあるが、このことを人間に関わる研究として仕上げてくれていない。

　それゆえ、この点にこそ質的研究における「多くの可能性を想定できる柔軟性」が関わってくるはずである。というのは、ままごと遊びにおける幼児という、やはり現実の一人の人間は、ある人間の本質に実感をもって迫ることはどのようなことかを我々に具体的に示してくれているからである。そして、まさに現実にこうした事実があるからこそ、こうした事実に基づく人間に関わる研究の可能性が、すなわち実感をもって人間を研究する可能性が開かれてくるからである。

　そこで次節では、こうした可能性へと開かれている質的研究に求められる曖昧さと柔軟性の意義について探りたい。

第5節　質的研究における曖昧さの甘受と柔軟性

　筆者自身が、前節で述べたような、ままごと遊びで幼児がある人間の本質を的確に洞察し、その人間の全存在をみいだしていることを実感できたのは、第1節で引用したメルロ－ポンティの言葉や第4節で引用したガダマーの言葉に出会うことによってである。すると、メルロ－ポンティやガダマーの思索の本質は、この場合は、幼児のままごと遊びに実際に出会うことによって、初めて明るみにもたらされたことになる。

　このことを前節で述べたままごと遊びの場合で具体的に述べれば、次のようになる。すなわち、「あなた、新聞を読みながら食事をするのはやめてくださる！」という幼児の言葉は、メルロ－ポンティやガダマーの思索の正しさを証明するための一事例ではなく、この幼児の言葉において、彼らの思索の本質が明るみにもたらされている、と。いいかえれば、幼児のこの言葉がメルロ－ポンティやガダマーの思索の本質を語りだしているのである。それゆえ、学問や研究における思索の本質は、現実の出来事や人間の在り方を根底で支えている時にのみ、机上の空論ではなくなる[3]。そうである以上、現実の出来事や人間の在り方には、思索や研究の本質が凝縮されており、この凝縮を解きほぐすこ

とが人間に関わる研究に求められていることになる。

　以上のことからすると、メルロ－ポンティやガダマーをはじめとする思索者や人間に関わる研究をめざす者によって解明されている事柄や人間の在り方の本質は、現実の具体的な出来事や人間の在り方に出会うまでは、そうした者の内面に閉ざされているだけでしかないことになる[4]。それゆえこの本質は、本当に人間の在り方の本質であるかがいまだ未決定であるという意味で、田村がいうところの曖昧なままであることになる。また、ままごと遊びにおける先の幼児の言葉に含まれていることも、メルロ－ポンティやガダマーの思索に出会うまでは、現実の母親の全存在をみいだした結果発せられた、母親の本質を浮き彫りにしている言葉であることがみいだせないままであるため、やはり曖昧なままであることになる。これら二つのことを田村の言葉でいいかえれば、幼児の言葉に潜んでいるその幼児にとっての母親の本質も、メルロ－ポンティやガダマーの思索の本質も、両者が出会うまでは、曖昧な状態に耐えなければならない、ということになる。そして、それまでは曖昧であったこれら二つが出会うことにより、初めて両者は曖昧さを脱する可能性に開かれてくる。そしてまさにここにおいて、日常的には見逃されている人間の、特に乳幼児の本質的な在り方が現象学や現象学に基づく解釈学の言葉によって深い次元で豊かに解明されるようになる、ということが導かれるのである。

　しかし、ここで注意しなければならないのは、たとえこれら二つのことが出会ったとしても、両者の曖昧さが完全に消失することはなく、曖昧さから脱する可能性が開かれてくるだけでしかない、ということである。というのは、幼児の先の言葉は、例えばメルロ－ポンティやガダマー以外の思索者や研究者の言葉に出会うことによって、さらに深い意味がみいだされる可能性に開かれているはずだからである。それどころか、メルロ－ポンティやガダマーの思索さえも、先の幼児の言葉とは異なる他の幼児や人間の現実的で具体的な活動に出会うことによって、さらに深められる可能性に開かれているはずだからである。そして、こうした可能性にも開かれていることこそが、田村がいうところの「柔軟性」の内実ではないだろうか。

　それゆえ、現象学の言葉と現実の人間の在り方との出会いを介してみいだされた深く豊かな結論も一時的なものでしかないため、「すぐに結論を出さずに

その曖昧さに耐え」続けることが求められることになる。すなわち、一時的な結論自体には、さらに「多くの可能性を想定できる柔軟性が求められる」ことになる。そして、こうした柔軟性こそが、第3節で引用したところのメルロ－ポンティからの引用文で述べられていた現象学における未完結性を如実に体現している現実の人間の在り方にそなわっているところの、生きた現実なのではないだろうか。

　すると、田村がいうところの多くの可能性とは、どのような可能性でも許されるような可能性のことではないと、例えば第3節で述べたような研究対象をたんに横にずらすような可能性のことではない、ということになる。現実の出来事や人間の在り方をより深く探れるように思索自体を深めたり、思索を深めざるをえないような現実の出来事や人間の在り方を我々の一人ひとりが自分の生き方を通して実践していくことによって初めて、「多くの可能性を想定できる柔軟性」への田村の要求に応えることができるのではないだろうか。

　ここまで探ったことからすれば、田村がいうところの、質的研究の恣意性とは、いわゆる勝手気ままな私見のことではない、ということはもはや明らかであろう。田村のいうように、「あえて恣意的であることの意義、恣意的でなければならないことを主張する」ためには、「あえて」という言葉が明確に示しているように、恣意する者の積極的で能動的な構えを必要としているはずである。しかも、恣意性をあえて主張し、質的研究においてこの構えを貫くためには、質的研究に独特のスキルを身につけることが少なくとも必要であった。すると、こうしたスキルを十分にそなえた者が恣意性をあえて主張することは、通常理解されているような勝手気ままな私見でもって、現実的で具体的な人間について勝手な解釈をしたり、誰でも容易に想像できるような見解を抱くこととは、対極にあることになる。

　田村のいう恣意性とは、この言葉のフランス語である arbitraire が、「勝手気まま」という意味だけではなく、「自由な意志」や「自由裁量」といった意味をも含意していることからすれば、細かい手順やたんなるラベル化から自由な意志をもって脱し、質的研究に求められるスキルをもった者にのみ委ねられる裁量に基づく特性のことではないだろうか。

　するとここにおいて、本章の冒頭で「大胆な」と形容した田村の提案が、す

なわち、この提案に含まれているであろう、質的研究は質を高めるために恣意的であれ、という警句が、実は大胆な提案ではなく、むしろ質的研究に課せられた本質的な提案であったことが明らかになるのではないだろうか。それゆえ、研究における質の高さと、勝手気ままな私見という否定されるべきとみなされる恣意性という、研究における矛盾した事態を同時に含んでいるという意味で両義的であるように思われる田村の提案も、実は矛盾しているのではないことになる。むしろ田村の提案は、両義的（ambigu）であるがゆえの曖昧さ（ambiguïté）に耐えることによってのみ、初めて質的研究の名に値する研究への提案であるのではないだろうか。

　以上の第 1 章では、質的研究に対する田村の提言に導かれることによって、人間に関わる研究の意義と意味について探ってきた。その結果、人間に関わる研究においては、両義的であるがゆえの曖昧さが求められるのであった。しかし、人間に関わる研究が曖昧さを含意しているという意味での両義性をそなえなければならないのは、そもそも我々一人ひとりの現実的で具体的な人間が、その存在において両義性をそなえているからである。そこで、次章では、人間のこうした両義的な在り方の根拠について解明することにしたい。

第2章　人間における主観と客観との両義性

　前章では、人間に関わる研究は、研究の質の高さと曖昧さという、矛盾したり相反していることが同時にそなわっているという意味で、両義性をそなえなければならないことが導かれた。というのは、一人ひとりの現実的で具体的な人間は、その存在において、そもそも決して逃れえない両義性をそなえているからである。そこで本章では、こうした人間は、その存在において、己が生きている世界に対する主体であると同時に、その世界内の一客体でもあるという意味で、主観と客観という相反する両義性をそなえていることについて探ることにする。そのうえで、こうした両義性をそなえている人間の在り方の根拠を、身体の両義性という観点から、解明することにしたい。

　この課題を遂行する前に、まずは、日常的で素朴な捉え方においてだけではなく、学問においても、主観と客観は両極をなす対概念として捉えられてきた、ということに着目しておきたい。というのは、意識という内的なものが、すなわち主観が、対象世界という意識の外にあるものに、すなわち客観にいかにして到達できるか、という哲学における認識論の問題として、主観と客観との関係が常に論争の事柄とされてきただけではないからである。さらには、こうした認識論に対してどのような立場を取るかによって、例えば観念論と実在論といった、真っ向から対立するような哲学さえもが生みだされてきたからである。

　同じ一つの出来事や事柄が相互に相反したり排斥し合う特性をそなえていることを両極性と呼ぶならば、主観と客観とのこうした両極性は、両者が相互に排他的な関係にある、ということを意味しているだけに留まらない。学問の領域においても、主観的と客観的という二つの言葉は、人間に関する研究に際し、例えば量的研究と質的研究との相互排他性を生みだしてさえもいる。

　しかし、認識論の問題が生じるということは、逆説的には、主観と客観とが互いに密接に関係していることを、すなわち両者はお互いに他方を必要としている、という事態を含意しているのではないだろうか。

　そこで本章では、現象学の観点から、主観と客観との微妙な関係について探ってみたい。その結果、人間は、実は主観としての在り方と客観としての在り方とを同時にそなえていることを、身体の両義的な在り方を探ることによって、解明する。

　こうした課題を遂行するために、まず第1節では、現象学における主観と客観の位置づけについて概観したうえで、主観と客観との両義性の根拠としての世界化の逆説に関するフッサールの捉え方について考察する。第2節では、身体の両義性についてのメルロ－ポンティの思索に基づき、主体としての身体と客体としての身体との両義的な在り方を探る。第3節では、一方では何かに触れる者でありながらも、同時に他方では触れられうる物でもあるという、身体の両義性の内実を明らかにする。

　その前に、本章における主観と客観という言葉の使い方について、補足しておきたい。

　これら二つの西欧語は、それぞれラテン語の subjectum と objectum に発し、日本語では観点や文脈に応じて、主観と客観と、あるいは主体と客体と訳される。しかし本章では、世界に対する主体的な在り方としての主観と、世界に属している一客体としての客観との関係について探ることになる。そのため、主観と客観、ないしは主体と客体という言葉を同じ事柄を表わす対の言葉とみなし、文脈や観点に応じて適宜これらの言葉の対を使うことにしたい。

第1節　主観と客観との両義性の根拠としての世界化の逆説

　本書で依拠している現象学においては、意識は常に何ものかについての意識であるという意識の志向性ゆえに、主観と客観は、むしろ一方の存立のためには他方を必要とするような、相互に排他していると同時に、相互に依拠し合っている概念として捉えられうるはずである。すなわち、意識が何ものかについての意識である限り、意識としての主観は、それが向かっている何ものかとしての客観を常に必要としている。また逆に、客観としての何らかのものは、意識という主観にとっての現象とみなされることになる。

　しかし、こうした現象学においても、主観と客観は様々な観点から捉えられ

ているだけではなく、相互に矛盾したり対立するような観点も認められる。例えばフッサールにおいては、本章で取り挙げる身体に関し、ライプとケルパーという二つの言葉が、以下で示すように、峻別されている。そのうえで、身体の捉え方に関し、ライプとケルパーは相互に排斥し合う概念とみなされている。

そもそもドイツ語には、日本語の身体に当たる言葉として、ケルパー（Körper）と、日常語としてはやや古い感じを与えるライプ（Leib）という言葉がある。このことに依拠しながら現象学では、いわゆる物として捉えられる客体としての身体をケルパーと、他方、主観と一体となって世界と対峙している主体としての身体をライプと表現し、身体の二重の在り方が峻別されている。フッサールにおいては、身体に関するこうした二つの捉え方が認められるために、両者は、相互に排斥し合うという意味で、両極的な関係にある、といえる。

つまり、一方では、例えば医学や生理学の領域で典型的となるように、身体は諸物の一部とみなされ、意識の対象として現われてくる場合は、ケルパーと呼ばれることになり、外界に属する一つの物としての客体とみなされる。他方、身体は意識と一体となって生き生きと機能しているがゆえに、こうした身体はライプと呼ばれ、世界に対する主体とみなされることになるのである。

以上で概観したように、現象学における主観と客観との関係は、主体と客体という身体の二重性と密接に関係している。

日常的にも、すなわち学問的な態度を取ることのない素朴な態度においても、また現象学の立場にたった態度においても、以上で概観したように、身体が主体と客体という両義性をそなえているとみなされているのは、以下で探るように、そもそも人間の存在が、世界内の客体であると同時に、世界に対する主体でもある、という両義性をそなえているからである。

我々人間の一人ひとりは、世界内の客体であると同時に、世界に対する主体でもあるということは、哲学としての現象学を遂行するために求められている現象学的な態度を取ることなく、素朴に日常生活を送っている時にも、現象学の言葉を使えば、自然的な態度を取っている時にも、素朴に感じられていることでもある。

例えば、私が素朴に日常生活を送っている時に、世界内に存在している様々な客体と直接関わることができるのは、私自身も、それら客体としての諸物と

同様、共に世界内の一客体として、その世界に属しているからである。しかし同時に私は、こうした客体と直接関わっている私と客体との関係を私の意識の対象とみなし、この関係自体を捉えている者として存在することができる。するとこの時の私は、もはや諸客体の一つとしてこの世界に属しているのではなく、この世界内の一つの出来事として、私という主体とこの主体にとっての客体との関係が生じている世界に対する主体となっていることになる。

　こうした事態から、フッサールは、前者の私を「世界内の一〔構成〕員」とみなし、後者の私は、世界内の諸客体やそのなかの一構成員である私などの「すべてを……私のなかで構成しそれらを担っている」（Husserl, 1950, S.129, 284頁-285頁）、とみなしている。そのうえで、こうした二重の仕方での私の在り方を「逆説（Paradoxie）」（ebd., 同書, 284頁）と呼んでいる。

　フッサールにおけるこうした捉え方に基づき、ヴァルデンフェルスは、「私が、同時に、世界にとっての主体であり、世界内の客体である」という逆説的な私の在り方を、「世界化の逆説」と呼んでいる（Waldenfels, 1971, S.3）。

　そして、まさにこうした逆説に、本章の言葉を使えば、主観と客観との両義性に基づいている事柄の一つが、身体の両義性である。実際、フッサール自身も、主観と客観との両義性を探る際に、先に概観したライプとケルパーとの両極性について語っているのである（vgl., Husserl, 1950. S.128, 282頁参照）。

　こうしたことから、以下では、メルロ - ポンティにおける思索をてがかりとして、身体の両義性について探ることにしたい。というのは、メルロ - ポンティこそが、フッサールにおける身体の二つの在り方の両極性という観点に抗して、身体の両義的な在り方について、深く思索しているからである。

第2節　メルロ - ポンティにおける身体の両義性

　主観と一体となって機能している主体としての身体は、日常的に普通に生活している限り、我々のすべての活動を可能にしてくれるにもかかわらず、それとしてことさら意識されていない。このことは、病気になったり、身体が傷つけられたり、自分の思うように動いてくれない時等に、自分の身体が自分自身に際立ってくるということからも、よく知られている。自分の身体は、それが

うまく機能している時には私と一体となっているため、私には気づかれることがない。ところが、それが私をいわば裏切る時に、私にとって身体が実はどのようなものであったのかが捉えられることになる。そしてこのことこそが、うまく機能している時の私の身体は、私という主観と一体になって機能している主体である、ということを私に実感させてくれるのである。

　しかし同時に他方で、私は、主観と一体になって機能している自分自身の身体を、身体以外の諸物と同様の仕方で見ることができる。私は、顔や頭部や背中などを除いた私の身体を、その気になりさえすれば、いつでも容易に見ることができる。このことからすれば、自分の身体でもって何かを見ている主観も、「それ自体眼に見える〔自分の〕身体によって、見える物〔＝世界内の諸客観〕のうちに浸入している」（Merleau-Ponty, 1964 a, p.17–p.18, 258頁）ことになる。例えば、顔や頭部や背中などを除けば、私は、私自身の身体が私を取り囲んでいる身体以外の多くの物のなかに存在していることを直接見ることができる。それゆえ、身体を使って何らかの物と関わる際に、私は、その物の形状等に合わせて自分の身体を微妙に調節しながら、活動することができるのである。私の身体がこうした客観として物の世界内の一客体でもあるからこそ、私は、私の身体と共に諸物で成り立っている世界内に現に存在していることを、物の世界に関わりつつ、その世界に入り込むという仕方で、実感できることになる。

　そして、このことは、まさに世界化の逆説という事態を身体の両義性という観点からいいかえていることになる。それゆえ、メルロ－ポンティも、おそらくこうしたことから、身体が主体であると同時に、客体であることによる身体の両義性を「逆説」（ibid., p.19, 同書, 259頁）と呼んで、次のような仕方で、この逆説について思索しているのであろう。

　私の身体は、主観と一体となって世界内の諸客体を見ているが、その身体も見られうる客体として、すなわち物として世界内に存在している。そうである以上、「私の身体は世界の織り合わせのなかに取り込まれていて、〔塊としての〕その凝集力は、物〔＝客体〕の凝集力でもある」（ibid., 同所）、ということになる。すなわち、客体としての私の身体は、諸物によって織り合わされている物の世界のなかに組み込まれており、物と同様の仕方でぎっしりと詰め込まれた塊を成しているのである。

　しかも、こうした客体としての身体は、身体以外の見られている物としての諸客体のあいだに取り込まれているため、そうした諸客体も、身体と同じ在り方をしていることになる。すなわち、諸客体によって成り立っている「世界は、身体という生地で仕立てられている」（ibid., 同所）ことにもなる。

　このことを最も容易に実感できるのは、物の質感とその質感に対応した身体感覚との同質性である。客体としてのある物の質感は、「我々の身体のなかに〔その質感に対応した〕反響を目覚めさせ、我々の身体がそれを迎え入れる」という仕方で、我々の身体感覚によって「裏打ちされている」（ibid., p.22, 同書, 260頁）。例えば、我々は、自分の身体に生じる感覚にいくらかでも敏感になれば、ある物を見た時に、それが鋼鉄でできていれば、私の身体の頭部の硬さが、それが滑らかな表面であれば、手のひらや頬の滑らかさが、がさがさした表面であれば、踵のがさがさが我々自身に際立ってくる。あるいは逆に、私の身体のこうした感覚が、見られている物の質感やその肌触りを、より生き生きとしたものにしてくれる。

　このように、私の身体は物として世界の織り合わせの一部であることに対応して、世界の方は、身体と同じ質感によって仕立てられている、という事態が成立している。そして、このことは、私の身体が物としての客体という在り方で私に現われてくる、ということを意味してる。しかし同時に他方では、すでに述べたように、こうした私の身体は、主体としての私と一体となって機能しているのであった。すると、世界化の逆説という事態は、身体の両義性という事態において顕在化されることになる。

　以上のことからすると、私の身体のこうした両義性を介して、主観と一体となって機能している主体と物としての客体といった身体についての両極的な捉え方が不十分である、ということが明らかとなる。すなわち、人間の存在においては、主観と客観との両義性が認められることにならざるをえないのである。

　そこで以下ではさらに、身体のこうした両義性に基づき、世界に対する主体であると同時に世界内の客体でもあるという逆説について、すなわち主観と客観との両義性とはいかなる事態であるかについて、主観が客観を知覚する場合に即して、さらに探ってみたい。

第 3 節　触れる者としての身体と触れられうる物としての身体

　私の身体が世界に対する主体であると同時に、世界内の一客体でもあること
は、例えば、私の一方の手で他方の手に触れることによって実感することがで
きる。というのも、この時には、「私の手が、その手が触れている諸物のなかに
位置し、ある意味でそれら諸物の一つであり、……要するにそれらの部分とも
なっているような〔私によって〕触れられうる存在」となるからである（Merleau-
Ponty, 1964b, p.176, 185頁）。すなわち、私と一体となって世界内の諸物に触
れていた私の一方の手は、他方の手によって触れられることにより、諸客体の
なかの一客体として、それら諸客体のあいだに位置づけられることになり、私
によって触れられうる物としての客体となるからである。

　それゆえメルロ－ポンティは、触覚におけるこうした事態を、「私の手にお
ける触れる者と触れられうる物との交差（recroisement）」（ibid., 同所）と呼
んでいる。すなわちこの時の私の手は、物に触れうる主体であると同時に、客
体として私に現われうるがゆえに、触れる主体としての身体と触れられうる客
体としての身体が互いに交差し合う場となっているのである。

　こうしたことから、メルロ－ポンティは、触れる主体と触れられる客体とが
互いに交差し合う場としての身体とは、「感じられる物であり、また感じる者
であるという二重の意味で、感覚的なもの」であるとし、こうした二重の特質
を同時にそなえている身体を「肉」と呼んでいる（ibid., p.313, 同書, 382頁）。
というのも、肉としての身体は、一方では、触れる者として、客体である物に
触れることにより、その物の例えばざらざらした、すべすべした、冷たい、温
かい、硬い、柔らかいといった質感を身体上に生じる感覚として捉えているか
らである。また同時に他方では、こうした感覚を捉えている私の身体は、私に
よって何らかの感覚を伴なって触れられうる身体としても捉えられているから
である。すなわち、肉としての私の身体は、触れる者でありながらも触れられ
うる物でもあるため、「感覚的〔に捉えられるよう〕な物の一つでありながらも、
そこにおいて他のすべての〔感覚の〕刻み込みが行なわれる〔感覚する〕者で
もある」（ibid., 同所）のである。

　しかも、肉としての身体は、自分のある身体部分や身体以外の物に触れなが

ら、その時に生じる身体感覚によって、触れられうる物を感覚する。そうである限り、触れる者と触れられうる物とのあいだには、感覚が相互に浸入し合う、ということが生じていることになる。例えば、身体の一部が冷たい物に触れた時には、触れている身体には冷たさの感覚が生じる。しかも同時に、その冷たさは触れられている物の冷たい感覚を捉えていることにもなる。それゆえこの時には、身体で感じている冷たさと物の冷たさとが相互に他方へ入り込んでいることになる。メルロ－ポンティも、「感じられる物としての私の身体の感じる者としての私の身体への関係」を「浸入（immersion）」と呼んでいる（ibid., 同所）。そのうえでメルロ－ポンティは、こうした出来事における身体と物とのあいだの相互移行を肉という言葉でもって彼独特の仕方で表現したのであろう。あるいは、この関係を、「感じる者の感じられる物への、感じられる物の感じる者への肉的癒着」（ibid., p.187, 同書, 197頁）とか、「触れられる物と触れる者との循環」（ibid., p.188, 同書, 198頁）ともいいかえているのであろう。それゆえ、肉としての私の身体は、感覚的に捉えられる物であると同時に、そこですべて物の感覚を捉えるという二重のことが生じている場となっているのである。

　私の身体が、以上で明らかにしたように、触れられる物であると同時に触れる者でもあるという感覚の相互浸入の場であることから、メルロ－ポンティは、次のことを導きだしている。つまり、すでに第2節で探ったように、私の身体は、物として世界の織り合わせの一部であることに対応して、世界の方は、身体という生地で仕立てられている限り、「私の身体という肉が世界によって共有され、〔その結果〕世界が肉〔としての私の身体〕を反映し、世界が肉を蚕食する」という仕方で、「両者は越境とまたぎ越しの関係にある」（ibid., p.302, 同書, 364頁）[1]、と。すると、ここにおいても、触れる者としての私の身体は主体であると同時に、触れられうる物としての身体は客体でもある、という身体の両義的な在り方が明らかにされたことになる。

　それどころか、同様のことは視覚においても生じている。というのも、やはり第2節で探ったように、一方において、首から下の身体の部分を見ている時には、主体としての私の身体は、他の多くの身体以外の諸客体のなかにある私の身体を見ていることになるからであった。このことは、「私の身体が見られ

うる物〔＝身体以外の諸客体〕によって取り囲まれている」（ibid., p.324, 同書、401頁）、ということを意味している。するとこの時にも、私の身体は世界内の一客体であることになる。しかし同時に他方では、私の身体は、私の身体を取り囲んでいる諸客体を見ている限り、主体としての身体でもある。そして、こうした主体としての身体が、先に述べたように、諸客体によって取り囲まれている私自身の身体を客体として見ているのである。

　こうしたことから、メルロ－ポンティは、触覚の場合と同様、視覚の場合にも、「見ている私の身体」と「見られうる身体」とのあいだには、「一方の他方への編み合わせと相互嵌入（insertion）がある」（ibid., p.182, 同書、192頁）、としている。以上で探ったように、肉としての私の身体は、そこにおいて身体と物とが相互に蚕食し合うということが生じている場であるということは、次の二つのことを意味している。すなわち一方においては、私の身体が物として世界の織り合わせの一部であることによって、肉としての私の身体においては、内から捉えられている触感覚が同時に外の世界の物の質感ともなっているという仕方での、「内と外への私の身体の二重化」（ibid., p.317, 同書、389頁）が生じていることになる。例えば、私の手が滑らかな机の表面に触れている時には、滑らかさを触知している私の身体は、机という外の客体の肌触りと、私の手のひらの内に生じている滑らかな感覚とに二重化されている。しかし同時に他方で、諸物の側では、それが身体という生地で仕立てられていることによって、世界内にある物の質感は、その世界の外にある私の触感覚ともなっている。するとこの時には、物の方でも、その質感がその物自体に属している感覚であると同時に、その感覚がその物の外にある身体に生じている感覚ともなっているという仕方での、「諸物の（内と外への）二重化」（ibid., 同所、（　）は原典のママ）が生じていることにもなる。例えば、机の表面は、それ自体の内に滑らかな肌触りをそなえていると同時に、世界という客体の外に越境している主体としての私の身体の滑らかな感覚へと二重化されているのである。

　身体のこうした在り方から、メルロ－ポンティは、「私の身体と諸物の交差配列（chiasme）」（ibid., 同所）という事態を導きだしている。というのは、先の例でいえば、私の手における、外の客体としての机の肌触りと主体としての身体内における滑らかな感覚との二重化という出来事は、机という客体の内な

る滑らかな肌触りと机から越境して客体の外で生じている私の手の感覚との二重化という出来事となっているからである。しかも、後者の出来事は、前者の出来事のいわば裏返しとなっているからである。すると、この時に生じている二つの出来事は、例えば、「人は、働くために生きるのではなく、生きるために働く」といった構文のように、関連する二つの節に含まれている二つの言い回しを相互に反転させるという、文法上の修辞技法としての交差配列法に対応した構造をそなえていることになる。それゆえ、主体としての私の手における内と外への二重化と客体としての机における内と外への二重化は、いわば互いに表と裏の出来事となっているのである。

　以上でメルロ‐ポンティと共に探ったように、主体としての私の身体における出来事と客体としての世界における出来事は同じ一つの出来事のいわば表と裏の関係にあることになる。そして、身体に関してこうした事態が成立している限り、身体と一体となって存在している主観と、こうした主観としての身体と互いに蚕食し合っている客観も、同様にして、表と裏の関係にあることになる。

　以上、本章においては、身体における主体と客体との両義性に定位することによって、主観と客観とが相互に蚕食し合っていることを探ってきた。その結果、人間について研究するためには、主観と客観とを切り離し、そのいずれかを個別に捉えたり、両者を相互に排斥し合う両極的な事態とみなすのではなく、主観でありながらも客観でもあるという、相反したことが同時に成立している両義的な事態を探らなければならない、ということが明らかにされた。

　人間の存在自体にはもちろん、人間に関わる事柄には、そもそも純粋に主観的なことも、純粋に客観的なものも存在しえないのである。それゆえ、人間研究にとって何よりも肝要なことは、人間は、矛盾に満ちていたり、相互に相反するように思えてしまうような両義的な在り方をしていることを認め、こうした両義性自体を探らなければならない、ということである。

　そして、現象学が本章で探ったような仕方で我々人間の本質的な在り方を解明しているからこそ、現象学は、現実の具体的な人間の在り方を、現象学に基づくことのない従来の人間に関する研究によっては捉えそこなわれていた、一人ひとりの人間の根源的な在り方を明るみにもたらすことができるのである。

　以上のことから、次章では、なぜ現象学が、素朴に日常生活を営んでいる時だけではなく、従来の哲学や人間研究においても捉えそこなわれていたところの、一人ひとりの人間の根源的な在り方を明るみにもたらすことができるのかを、現象学における他者経験の解明の仕方に即して、探っていくことにする。

第3章　他者経験の現象学から他者の他者経験の解明へ

　本章では、現象学は一人ひとりの人間の根源的な在り方をいかにして明るみにもたらすことができるのかを改めて探る。と同時に、このことによって、哲学としての現象学にそなわる問題点を明らかにし、その解消のための方法を示すことにしたい。というのは、以下で明らかにするように、フッサールやハイデガーやメルロ－ポンティやサルトルといった現象学の創始者たちによって切り拓かれた思索が、彼らの現象学を引き継いだ多くの現象学者や哲学者によってかなりそこなわれてきた、という歴史的な展開を指摘せざるをえないからである。しかも、こうした事態が生じた理由としては、そもそも現象学とはいかなる思索であるかについて、統一的な見解がこれまで十分に検討されてこなかった、ということが挙げられる。そこで本章では、現象学が一人ひとりの人間の根源的な在り方を明るみにもたらすことができるためには、そもそも現象学はどのような学問であらねばならないのかという観点から、現象学の創始者が目指したであろう課題と、その課題を遂行する際の問題点とを探ることにしたい。そのうえで、自分とは異なる他の人間である他者の在り方を解明するための方向を示すことにする。

　以上のことから、本章第1節では、哲学としての現象学は本来どのような学問でなければならないのかということを、現象学を自ら遂行するという観点から、探る。第2節では、現象学が解明すべき事柄は、通常は隠されているところの、我々の日常生活を潜在的な次元で可能ならしめている根拠である、ということを示す。第3節では、現象学におけるこうした課題の解明の際の暗黙の了解の内実を探る。この結果に基づき第4節では、現象学においては何よりも我々人間がいかなる仕方で他者を経験しているかを解明することが主要な課題であることを導く。しかしながら、他者経験についての現象学は現象学者自身がいかに他者を経験しているか、ということしか解明していないことを示す。そのうえで第5節では、現象学に基づき他者の経験を解明するためには、現象

学者によっては直接捉ええない他者自身の意識や在り方そのものを捉えること
が求められる、ということを明らかにする。そして、こうした要求が現象学的
精神病理学においていかにはたされているかを示したうえで、その際の問題点
を指摘する。第6節では、こうした問題点はいかにして解消されうるかを、共
同の受容作用という観点から明らかにすることによって、自分が他者と同じ体
験を共有している時の在り方を解明することにする。

第1節　現象学を自ら遂行すること

　そもそも現象学がその本来の哲学的思索に沿った仕方で遂行されなければな
らないとしたならば、哲学の一領域としての現象学に特有の課題を現象学に即
して遂行するとはそもそもいかなることだろうか。この問いに対する答えは、
例えばメルロ－ポンティが、『知覚の現象学』の冒頭で、「現象学とは何か」
(Merleau-Ponty, 1945, p.I, 1頁) と問うていることからしても、現象学をどの
ような学問とみなすかにより異なってくるであろう。しかし、主要な現象学者
が、現象学の名のもとで次のような主張をしていることからすると、現象学に
おいては、少なくとも、現実に生きられている人間そのものの在り方や世界の
生き方に忠実でありたい、ということがみえてくる。

　例えば、「事柄そのものへ」ということを基本的な構えとしているフッサー
ルは、現象学以外の諸学問の根拠のなさを主張し、特に客観的学問によって規
定されている世界から、現実に生きられている生活世界へと還帰し、生活世界
を生きている人間の意識の在り方に迫ろうとした。またハイデガーは、彼の主
著である『存在と時間』のなかで、個々の人間の在り方を暗黙のうちに規定し
ているいわゆる世間一般における事柄や出来事や人間の捉え方からの影響力の
大きさを解き明かし、まずは、こうした影響力によって自分を見失っている人
間の在り方を非本来的と呼んでいる。そのうえでハイデガーは、こうした非本
来的な在り方をしている人間について彼に独特の仕方で解明している。さらに
メルロ－ポンティは、より一層明確に、「最初の哲学的行為は客観的世界の手
前にある生きられた世界へと還帰することにある」(ibid., p.69, 同書, 110頁)、
という。実存主義の小説家でもあるサルトルもやはり、彼の哲学的思索の主著

である『存在と無』において、この世に生を受けた個々の人間がおかれている
状況のなかで、その状況に縛られながらも、その状況を自ら引き受けつつ生き
ていかなければならないところの、現実に生きられている人間の苦悩や不安を、
小説家に独特の生々しい言葉によって記述している[1]。

　現象学の創始者たちのこうした言葉などからすれば、諸学問によって、特に
客観的学問や実証主義によって規定される以前の、日常素朴に生きられている
時のありのままの世界やその世界内での個々の現実の人間の経験や体験といっ
た生の営みに立ち戻ることが現象学を遂行するための第一歩である、とみなせ
るであろう。それゆえ現象学は、たんなる机上の空論や現実の人間の在り方か
ら乖離した哲学ではなく、現実の人間のいわば生きざまを哲学に独特の厳密さ
を伴なって、深い次元で豊かに解明していることになる。

　現象学の創始者による現象学についてのこうした捉え方からすると、現実の
人間の在り方を現象学に基づいて解明するためには、解明されることになる現
実的な人間の在り方を当の現象学者自身が自ら生きなければならない、という
ことが自ずと導かれるはずである。なぜならば、すでに述べたように、現象学
は素朴に生きられている人間の生や世界から出発し、その時の人間の在り方や
世界をまず解明しなければならない以上、現象学を自ら遂行しようとする者自
身がまずこうした在り方をしていなければならないからである。それゆえ例え
ば後に詳述することになるところの現象学的精神病理学者である木村の言葉を
使えば、次のことが現象学を遂行する時に求められていることになる。すなわ
ち、フッサールの現象学であれハイデガーの現象学であれ、そこで哲学として
解明されるのは、「さしあたってまずはフッサールその人自身、ハイデッガー
その人自身に対して直接無媒介的に開かれ、与えられているものでなくてはな
らない」（木村, 1981, 175頁）。もしもそうでなければ、彼らが哲学として解明
している事柄自体も、自らの在り方に基づいて根拠づけられていないことにな
るであろう。

　しかし、以上のような基本的な構えに基づいて展開されるべき現象学は、創
始者によって打ち建てられた現象学を引き継ごうとしている後の現象学者によ
って、異なる方向へと向かっているようである。

　例えばシュミッツは、現象学において本来は出発点とされなければならない

はずの現実に生きられている人間の経験や体験がおろそかにされているとし、次のようにいう。つまり、哲学の体系的な基礎作業を「根底で支えている経験へと時折一面的な仕方で立ち戻るため」にのみ、「経験的な源泉がわずかに触れられるだけであり、既知のものとして前提とされる」だけの「古典的哲学の根本的な誤り」が現象学においても認められる（Schmitz, 1967, S.XVII）、と。すると、現象学がこうした誤りに、すなわち哲学史研究や「はじめに」で示唆したような文献学や、それどころか哲学の領域においてのみその意義と意味をもちうる思弁の試みに陥らないためにも、現象学を遂行する者には、解明される世界や生を自ら生きることが求められるはずである。

　それゆえ、現象学に基づいて現実の人間の在り方を捉えるためには、他の現象学者によって明らかにされたことに基づいてさらなる解明をすることは許されなくなる。現象学の方法論に忠実に従うためには、ある事柄についてすでになされている解明の成果が、その事柄を解明しようとする者によって、その者自身の在り方に即して再度直接無媒介的に開かれて、与えられていなければならない。

　同じことは現象学の創始者について研究する者にもいえるため、第1章第3節で引用したメルロ－ポンティの言葉にあるように、現象学を遂行するためには、現象学の思索の歩みそのものをはじめから辿り直していかなければならなくなる。そして、この歩みを自ら歩むためには、いわゆる現象学的な態度が必要となる。フッサールの場合には、他の学問の成果だけではなく、現象学の成果さえをも己の解明のために使うことを差し控えることが、フッサールの言葉を使えば、判断中止（Epoché）を遂行することが求められる。ハイデガーの場合には、例えば世間の解釈に支配されて己本来の在り方を失っている在り方へと自らがなることによって、そうした自己の在り方について自分自身をして「自分自身を解釈せしめる」（Heidegger, 1927, S.140, II 24頁）ことが必要になる。すなわち、渡辺のいうように、哲学者自身が「哲学するという生起（Geschichte des Philosophierens）の現実の只中に、実存しつつ立つ」（渡辺, 1974, 9頁、（　）内も原文のママ）ことが、現象学を研究する場合にも求められるのである。

　以上で述べたように、現象学をその本来の課題に即して遂行するためには、

遂行する者自身に対して、現象学によって解明されることになる人間の在り方が直接無媒介的に現われてこなければならないのである。

第2節　隠された根拠の解明

　しかし、解明されるべき事柄が直接無媒介的に現われてくることを厳密に遵守しようとするならば、現象学に基づいて何らかの事柄を解明しようとする者にとって、次のような避けがたい困難が生じてしまう。というのは、現象学を遂行する者自身に対して直接無媒介的に現われてこなければならない事柄が、現象学を自ら遂行するまでは、当人にとっては隠されていたことでなければならないからである。例えばハイデガーは、日常的に生を営んでる大多数の人間は、「……さしあたってたいていは……最も自己に固有な存在を、そこから逃避することによって、自分自身に覆い隠している」（Heidegger, 1927, S.251, Ⅱ 291頁）といい、このようにして覆い隠されている人間の在り方の解明を己の哲学の課題としている。またトイニッセンは、日常的に自然に生を営んでいる自我は、そうした自我を根底で支えている己の「根源から離反すること」（Theunissen, 1977, S.100）により生みだされるとし、やはりそこから離反している根源的な自我の在り方を解明することを己の現象学の課題としている。

　しかし、日常的に素朴に営まれている自分の在り方を支えているとされる覆い隠された根源を解明することが現象学の課題とされるべきならば、現象学の課題を遂行するに際には、次のことが問われなければならないはずである。すなわち、自己に固有な存在からの逃避とか、己の根源から離反しているということ自体は、現象学者自身にいかにして無媒介的に現われているのか、ということが問題とならざるをえなくなる。というのは、例えばハイデガーやトイニッセンがいうところの逃避や離反という事態が現実の人間の在り方において認められなければ、現象学はその本来の課題をはたせなくなるからである。すると、現象学を遂行する際の第一歩として、まずなによりも、こうした逃避や離反という事態が当の現象学者にとって無媒介的に捉えられていなければならないことになる。もしもそうでなければ、こうした逃避や離反という事態そのものは、現象学を遂行するために想定されるだけでしかなくなってしまう。

　しかもここで注意すべきことは、現象学者にとって直接無媒介的に捉えられていなければならないとされる逃避や離反といったことが、日常的に素朴に生を営んでいる際には、当人には隠されたままであり、当人には気づかれていない、ということである。というのは、もしもそうでなければ、現象学は、誰もがすでに気づいていたり、捉えていることを提示することにしかならなくなってしまうからである。いいかえれば、現象学は、誰もが知っていることを、第1章の田村の言葉を使えば、「だれでも想像できるような」ことを記述するだけになってしまう。そのため、こうした記述は、哲学であるよりも、日常的な生の営みのたんなる常識的な記述でしかなくなってしまうであろう。

　それゆえ現象学は、例えば逃避や離反が人間の生の営みにおいて実際に存するはずであることを、日常的に素朴に生活している際の在り方から遡及的に解明しようとする。そして、こうした解明を行なうのが、超越論的現象学である。というのは、超越論的現象学は、通常は気づかれることのない深い次元へと遡ることによって、日常的に素朴に生を営んでいる人間の在り方を根底において支えている根源的な在り方を解明する、ということを課題としているからである。

第3節　現象学における暗黙の前提

　現象学においては、以上で述べたようなことが課題とされている以上、通常は気づかれることのない次元で生じているとされている根源的な在り方さえもが、現象学を遂行する者に生きられていなければならないはずである。すると、現象学を自ら遂行する者にはこうした根源的な在り方があらかじめ隠されている、ということが現象学を遂行する際の暗黙の前提とされていることになる。すると現象学は、こうした暗黙の前提はいかにして現象学者自身に捉えられているのかを明らかにすることをも、己の哲学の解明の課題としなければならないはずである。そして、こうした新たな課題こそが、フッサールによって提起された判断中止を介して、現象学によって追及されなければならなかったはずである。

　では、こうした暗黙の前提は現象学を遂行する者によっていかにして生きら

れているのであろうか。

　すでに述べたように、現象学を遂行するためには、他の学問の成果だけではなく、現象学の成果さえをも己の解明のために使うことを差し控えるという、判断中止を遂行することが求められるのであった。それゆえ、こうした判断中止を行なうことは、当の人間の「自然的な生活世界の全体性と（それが隠れていようとあからさまであろうと）妥当性の全体的な纏れを貫いている全体的な遂行作用を一挙に働きの外に」おくことにならざるをえない（Husserl, 1976, S.153, 211頁、（　）内は原文のママ）。このように日常素朴に生きられている自然的な生活世界の全体をも妥当なものとみなすことを差し控えることは、日常生活において当たり前とみなされていることのすべてをも、現象学の言葉を使えば、自明性のすべてをも差し控えることを意味している。それゆえフッサールは、こうした仕方で従来の学問の成果だけではなく、日常生活において自明とみなされていることのすべてを現象学を遂行する際に差し控えることを「普遍的な判断中止」（ebd., 同所）と呼んでいる。そして、こうした普遍的な判断中止を一貫して保持することにより、現象学は、自明性をそなえていたすべての具体的な経験や体験を根底で支えているのがどのようなことであるかを徹底的に解明することができる、とされているのである。

　すると、現象学によって解明されるべきところの、日常的な生活世界を根底において支えているとされる根拠を探るためになされる普遍的な判断中止には、現象学的精神病理学者であるブランケンブルクが示唆しているように、「理論的」なものではなく、「〔己の〕生〔にとって〕の意味が徹頭徹尾つきまとっている」（Blankenburg, 1971, S.64, 111頁）ことになる。というのは、普遍的な判断中止を行なうことは、それまでは素朴に信じられており、日常生活を支えていた自明性のすべてをいわば一時的に無効なものとみなすことにもなるからである。そのため、普遍的な判断中止を実現しようとしている当人にとっては、自分の生き方さえもが問題になり、それまでの日常生活を支えていた基盤が失われることになってしまう。フッサール自身も、普遍的な判断中止は、「全面的な人格の変化を惹き起こす」（Husserl, 1976, S.140, 192頁）ことにならざるをえなくなる、と述べている。というのも、生活世界における自明性のすべてを差し控えることは、それまではこうした自明性を伴なって成り立っていた具

体的で現実的な日常生活のための根拠を一旦は失うことになるからである。

　そして、まさに普遍的な判断中止によって一旦は己の存在の根拠を失うがゆえに、己の生にとっての意味が判断中止を行なっている者に気づかされることになる。すると、判断中止のさなかにおいては、判断中止によって解明されるべきことが判断中止以前には己に隠されていたことに迫りつつある、という予感が抱かれていることになるはずである。そして、まさにこうした予感こそが、それまでは隠されていたところの己の根拠へと迫りつつあることの実感と共に、判断中止以前の素朴な生活においては隠されていたところの、己の根拠からの逃避や離反を自分自身に無媒介的に開示してくれることになるはずである。それゆえ、判断中止においてこそ、現象学に本来は求められているところの、例えば逃避や離反といったことについての暗黙の前提が直接無媒介的に生きられることになるのである。

　しかし、現象学が哲学の一領域として、その本来の課題を遂行するためには、さらに次のことが明らかにされなければならないはずである。すなわち、現象学者によって解明されたことは、現象学者以外の人間においても妥当しうるか否かが明らかにされなければならない。というのは、個々の現象学者によって上述したような仕方で自ら生きられた逃避や離反という事態が、現象学者以外の人間にとっても妥当しているか否かは、本来わからないはずだからである。つまり、己の根拠からの逃避や離反という事態がたとえ個々の現象学者にとって直接無媒介的に現われていたとしても、だからといって、現象学者以外の人間にも日常的には隠されている己の根拠からの逃避や離反という事態が生じているということは、現象学者には直接無媒介的に捉えられないはずだからである。そして、ここにおいて、現象学者にとって他なる人間という他者の在り方と、そうした他者が現象学者にとっていかに経験されているかという、他者経験についての現象学の課題が生じてくることになる。

第4節　他者経験の現象学

　第1節で木村と共にすでに述べたように、超越論的現象学においても、そこで開かれてくるのは、やはり現象学を遂行している現象学者自身の在り方でし

かない。それゆえ現象学は、自分自身の存在においてだけではなく、現象学者
以外の人間においても、現象学者の解明した根拠と、例えばそこからの逃避や
離反という事態が当の人間には隠されているような仕方で存していることを探
らざるをえなくなる。すなわち現象学は、現象学者にとって他なる人間である
他者の経験を支えている隠された根拠についても解明しなくてはならなくなる
のである。もしもこのことが解明されなければ、現象学は、ある一人の現象学
者にとってのみ妥当性を付与されうるだけの、たんなる一私見に留まることに
しかならないであろう。

　ここにおいて、現象学者にとって他の人間である他者の経験を解明するとい
う現象学の課題は、現象学のたんなる一課題であるだけではなく、現象学の存
続そのものに関わる最重要課題にならざるをえなくなるのである。

　そもそも現象学が、現実に生きられている人間の在り方とそうした人間にと
っての世界がいかなる在り方をしているのかを、日常的には隠されている次元
にまで遡って解明しようとするならば、現象学については全く何も知らない人
間の経験や体験といった生の営みこそが解明されなければならないはずである。
すると、現象学が現実に生きられている人間の生と世界の解明となりうるか否
かは、現象学を遂行している者と同様の生と世界が、たとえ日常生活において
は隠されているとしても、他の人間によっても生きられているか否かによる、
ということが導かれる。しかし、現象学に忠実であろうとするならば、私にと
っての他者は、あくまでも私にとって存在していたり私に出会われてくる他者
でしかない。

　たしかに他者経験の現象学は、自分の在り方を他者に移入するといった自己
移入ではない、すなわち他者を擬似的な第二の私とみなすのではない他者経験
の可能性を開いてくれた。例えば、私の周囲には誰もいない時にも、「仲間の
人間が、現実的でよく知られている者として、しかも〔私に〕出会われうる者
の開かれた地平として必然的に存在している」（Husserl, 1976, S.256, 356頁）
という相互主観性についてのフッサールの思索をフッサール現象学の後継者の
一人として遡及的に問い深めているヘルトは次のようにいう。すなわちヘルト
は、私が生きている世界は誰にとっても同様の仕方で確かに存在しているとみ
なされている時には、フッサールの言葉を使えば、誰にとっても確かに存在し

ているという意味で世界が客観化されている時には、「匿名的な遂行者〔＝潜在的な他者〕が〔私自身に〕非主題的に共に意識されてしまっている」（Held, 1972, S.28, 171頁）、という事態を導きだしている。このことによって、他者の存在をまず主題的に対象化したうえで私の経験をその他者へと移入して他者の経験を想定するのではない仕方での、すなわち私を中心とした独我論に陥ることのない仕方での私にとっての他者の存在が開かれてくる。しかしこの場合にも、私にとっての他者が私を含めた多くの他の人間をいかに経験しているのかではなく、私にとっての他者の存在が、他の誰でもない私自身に問題となっているだけである。

　あるいは、他者と私は、お互いに支配する－支配されるという関係にあることについての、すなわち対他存在における相克に関するサルトルのよく知られている思索においても（cf., Sartre, 1943, p.431f., Ⅱ316頁以下参照；p.502, Ⅱ460頁-461頁参照）、そこで解明されている他者は、あくまでも私にとっての他者でしかない[2]。

　あるいはまた、プーバーにおける我－汝の関係についても[3]、さらには、私の存在を超越し私の能動性を非力化する「他者の異他性」（Theunissen, 1977, S.71）や「他者の力」（a.a.O., S.87）とか、不意討ち的な仕方で出会われてくる「他者に対する〔自我の〕開放性」（Waldenfels, 1971, S.129）や、「私の主導性に先んじており、むしろそれを可能にする」（a.a.O., S.51）他者との出会い、といった事柄によって記述され解明されている他者の存在も、私にとっての「他者の超越性」についての「表現」でしかない（Theunissen, 1977, S.141）。

　そのため、現象学を遂行する者にとっての他者は、不特定の多数の他者だけではなく、私を超越している他者でさえ、現象学に基づいて解明されているような仕方で生きていたり他の人間を経験していると想定されているだけの他者でしかなくなってしまう。というのも、他者の生と世界は、私自身の生と世界を現象学に基づき解明する場合と同様の、絶対に疑いえないという意味での明証性と、その本来の在り方でという意味での本源性（Originalität）をもって私に現われてくることがないからである。それゆえよく知られているように、フッサールは、他者の経験は私には間接的に現前されるしかない（vgl., Husserl, 1950, §50, 第50節参照）、とせざるをえなかったのであろう。

第5節　他者における他者経験の解明

　他者経験に関する哲学としての現象学における以上のような問題点から、現象学的精神病理学者も、哲学としての現象学とは異なり、問うている人間と問われる人間とがたがいに別々の人間に属している、ということをことさら強調せざるをえなくなっている。

　例えば先に引用したブランケンブルクは、医師にとっては他者である病者の「特別な生活世界が彼にとってどのように構成されているのか」（Blankenburg, 1971, S.21, 38頁）を捉えることを課題としている。そしてこの課題を遂行するために、病者と対峙した時に診察者自身が捉える「非反省的な印象」を生みだした「主観的契機と客観的契機を探求するにはどのような可能性があるのか」を問う（a.a.O., S.23, 同書, 40頁）。例えば、患者に接した際に医師が抱くところの、素朴な印象をたんなる主観的契機として無視することなく、さらにそのうえで、こうした非反省的な印象を誰にとっても妥当しうるような客観的契機へともたらす可能性が探られなければならない、とされることになる。そして、こうした可能性を探ることを通して、統合失調症者に特有である「我々に共通の生活世界から脱落するという事態」に出会った時の診察者自身の「経験を現象学的に推敲すること、すなわちくまなく明らかにすること」が必要である（a.a.O., S.24, 同書, 41頁）、とされることになる。

　しかも、こうした仕方で患者の在り方を現象学的に推敲する際に重要なことは、医師のなかで生じていることを病者の生へと移入することとは異なる仕方での、病者の生の現象学的解明が求められる、ということである。というのは、もしも医師のなかで生じていることを病者の生へと移し入れるならば、すでに述べたように、そうした移し入れによって、医師の経験でもって患者という他者の生を捉えることになってしまい、医師にとって他者である患者の生を解明できなくなってしまうからである。そしてすでに示唆したように、哲学における他者経験のこうした不十分さを解消しようと試みているのが、本節で取り挙げているところの、現象学的精神病理学なのである。

　自分の経験を他者の経験へと移し入れることなく他者の経験を捉えるための方法として、ブランケンブルクは、次のような仕方で、医師である自分と他者

である患者とのあいだで生じていることを取り挙げている。すなわちブランケンブルクは、臨床場面で問題となる「病者の経験（Erfahrung des Kranken）」（a.a.O., S.21, 同書, 38頁）という言葉が、「の」の二義性に応じて二義的な意味をもっていることに着目する。すなわち、一方において「の」は、「目的的所有格」として、「我々が病者に対峙してなすところの前理論的で前対象的な経験」を指し示しているところの、病者についての我々の経験という意味をもっている（ebd., 同所）。と同時に他方で、病者の経験という言葉は、「主語的所有格」として、病者自身によって遂行されている経験という意味をもっている（ebd., 同所）。そして、前者の我々の側に生じる「違和感（Befremdung）と〔後者の〕病者の抱く〔他の人間からの〕疎外感（Entfremdung）が相互に対峙し合っていると同時に、しかも相互に依存し合っている」（a.a.O., S.21 f., 同所）、とされている。すると、ブランケンブルクの記述は、統合失調症に苦しんでいる人間に対峙した時に、患者と医師とのあいだで生じていることを見事に表現していることになる。すなわち、統合失調症に苦しんでいる人間は、自分が他の人々から疎外されていることに苦しんでいるのであり、そうした人間に対峙している医師は、病者が感じている疎外感によって、そうではない人間に接している時には感じることのなかった違和感を感じてしまう。

　すると、「診察者としての私が病者との『あいだ』を間主観的〔＝相互主観的〕に共有」（木村, 1981, 184頁）しているという木村の言葉は、まさにこの事態を表現している、とみなせる。というのは、私と病者によって共有されている「あいだ」で生じているある一つの出来事が、ブランケンブルクの場合には、私には違和感をもって、病者には疎外感をもって捉えられている、と考えられるからである。そうである以上、この時の私は、病者の立場に身をおいて病者の精神状態を自己移入によって思い描いているのでも、病者の経験を私が追遂行しているのでも、さらにまた私の経験と病者の経験とが一致することによる何らかの明証性に基づいて病者を理解しているのでもない。そうではなく、病者に接して私が通常の人間関係では感じない何かしっくりしない（fremd）という意味での違和感を抱き、その違和感を明確に意職していること（Befremdung）と、病者はよそよそしい（fremd）仕方でもって私を含めた多くの人間から外されて（ent）しまっているという意味での疎外感（Entfremdung）とが相互

に依存し合いながら同時に一体となっているのである。それゆえこの時には、しっくりしないがゆえの疎外（Fremdung）であり、疎外されているがゆえの違和感（Fremdung）という一つの出来事が生起している。そして、病者についての私の経験が病者自身にどう経験されているのかが、私の抱く違和感と共に私に捉えられているのであり、まさに私が他者によっていかに経験されているのかが、すなわち他者の他者経験が私にとって問題となっている。それゆえ、この時に私が抱く違和感は、病者が抱いている疎外感に依存していると同時に、病者が抱く疎外感は私が抱く違和感に依存していることになる。

　それゆえ木村のいうように、この時の診察者は、「彼がそこで直接に他者の人格に触れ、他者における人格の病理……自体が明証的に彼に現前してくるような場所へと、つまり自己と他者の『あいだ』の場所へと向けられる」（同書, 181頁以下）ことになる。するとこの時には、診察者として私が抱く違和感は、自分だけに閉じ込められてはいないため、私は患者と共に共有されているあいだを患者と共に生きていることになる。また同時に、患者の疎外感も、彼の内面に閉じ込められているのではないため、患者も診察者としての私と共に共有されているあいだを私と共に生きていることになる。すると、この時両者の抱いている違和感と疎外感は、二人のあいだで生じていることがそれぞれの観点から捉えられていることになり、同じ一つの出来事のいわば裏表の関係となっていることになる。

　しかしここでさらに探りたいのは、たとえ病者とあいだを共有したとしても、現象学的精神病理学が記述し解明している病者の生そのものが私自身によって生きられているかどうかである。そもそも、自ら統合失調症者として生きるならば、診察者は診断することも現象学に基づいて研究することもできなくなってしまうであろう。すると、主語的所有格としての病者の経験は、診察者や現象学的精神病理学者にいかにして知られ、現象学的に記述され解明されうるのだろうか。彼らが行なっていることの一つは、すでにブランケンブルクの場合で述べたように、病者が行なう様々な表現を駆使することである。木村も、「なんらの特別な予備知識もなく驚くばかりの内省能力と言語的表現力をもってこの事態を描写してくれる」病者の言葉に依拠している（同書, 189頁）。もう一つは、哲学としての現象学と同様の仕方で、自分自身の生と世界だけではなく、

自分にとっての他者経験を現象学に基づき記述し解明することである。木村も、我々が病者の「内面……を読んだと考える時、それは実は翻ってわれわれ自身の内面の表現に他ならない」（木村, 1975, 132頁）とし、現象学者のテキストを駆使して木村自身の他者経験を現象学的に解明しようとする。

　しかし、この二つのことだけをもってしては、他者の生と世界をその本源性において捉えたことにはならない。たとえ現象学のテキストによって記述され解明されている生と世界を自ら生きることができたとしても、それらのテキストと病者の諸表現との近親性を頼りとして病者の生と世界を捉えることは、哲学としての現象学がそうであったように、私についての現象学的解明の成果に基づいて他者の生と世界を想定することにしかならないはずである。

第6節　共同の受容作用

　では、現象学を遂行する者に限らず、そもそも我々は他者の生をいかにして本源性を伴なって直接無媒介的に生きることができるのであろうか。この問いに応えるためには、ここでも、この問いに応える者自身が他者の生を現実に生きるということができなければならない。では、こうした事態を実際に生きることは、いかにして可能になるのだろうか。この問いに対し、ヴァルデンフェルスは、観劇においては他者の生を実際に生きるということが典型的に生じていることを、次のように記述している。

　観劇において、例えば「すでに満席の会場が、次に周りに張りつめる注目が、そして最後に拍手あるいは不満の表示が、俳優がどのように演技し、観客がそれをどう受け取っているかを規定している」時には、個々の私ではなく、「我々が上演を体験している」（Waldenfels, 1971, S.153, 140頁）ことになる。そのため、観客間のこうした相互存在においては、観客の一人としての私自身が私と共に劇場で観劇している現実的な他者と一体となって観劇していることになる。しかも、この時の私と観客は、こうした一体感をことさら相互に確かめ合うことなく、多くの他者と共に観劇を体験している。そのため、こうした時の観客のあいだでは共同性が成立しており、現実の他者と当の演技を共有している、ということが生じている。そして、こうした共同性を私と他の観客は身をもって

実感していることになる。それゆえヴァルデンフェルスは、こうした時の私と他者は「共同の受容作用における受動的連関」(a.a.O., S.151, 同書, 138頁) の内にある、と述べている。すなわち、共同の受容作用が成立している時には、観客同士が言葉によって相互に何らかのことを伝え合うことなしに、つまり言葉による「表現的な相互了解の前に、"暗黙のうちに、それどころか気づかれることなく"、我々のあいだにはある一体化（Einigung）が成り立っている」(a.a.O., S.156, 同書, 143頁、" "内は Husserl, 1976, S.166, 231頁)。それゆえ、こうした時には、言葉を介してお互いに了解し合う以前に、「私と相並んで」いる「他者は、私にとってある特別な志向性〔＝意識が何かに向かっていること〕の対象としてではなく、すべての志向性のなかで共に機能している者として、根源的に現在的であり、慣れ親しまれている」(Waldenfels, 1976, S.135, 128頁)。すなわち、観劇において典型的となるように、私と他者とがお互いに相並んで何らかの対象に向かっている時には、両者はお互いに相手のことを能動的に意識の対象とすることがないにもかかわらず、共同して意識の対象を経験していることをなんとなく、すなわち受動的に感じ合っているのである。

　観劇の場合に典型的となるように、共同の受容作用いおいては、多くの人間が相互に相並んで共通の対象を体験していることになる。すると、ブランケンブルクのいうような二人の人間が相互に対峙し合っているのとは異なり、共同の受容作用においては、私と他者は、己自身の体験を他者へと移し入れることなく、受動的な次元で、同じ体験をしていることになる。それゆえ、こうした多数の人間のなかの一人としてのそれぞれの人間は、多くの現実の他者と体験を共有していることを実感をもって、すなわち明証性を伴なって他者と一体化されているがゆえに、他者の生を本源的に生きていることになる。そして、受動性の次元におけるこうした共同性に基づき、観劇の場合でいえば、それぞれの観客は他の観客とは異なる評価や判断を能動的に下すことになるのである。

　以上のことからは、共同の受容作用において私にとっての他者の生がその本源性において私自身によって生きられていることが明らかになった。しかし、以上で明らかにされた共同の受容作用が、通常は隠されている根拠によって支えられていることを、さらにはこうした隠された事態そのものを解明できなければ、ここまでの解明はいわゆる常識や誰にでも想像しうるようなことでしか

なくなってしまう。例えば、ヴァルデンフェルスによって例示されている観劇における共同の受容作用という在り方は、我々がスタジアム等で多数の観客と一体となってそこで演じられているスポーツに夢中になっている時にも生じている。そのため、こうした共同の受容作用における自他の一体化自体は誰にとっても明証的に経験されているはずである。それゆえ、さらに解明されなければならないのは、こうした共同の受容作用の根拠を解明する、ということである。

　そこで次章では、他者の生を深く豊かに感受するという観点から、他者の生を共に生きることはいかなる隠された根拠によっていかに支えられているのかを探ることにしたい。

第4章　人間研究における生の深さとその感受

　現象学に基づいて人間の生を深く豊かに理解するためには、理解しようとしている他者の在り方に即して当の他者を捉えることが求められるだけではない。さらには、すでに第3章で明らかにしたように、他者を理解しようとする人間は、自分自身の場合と同様、理解しようとしている他者の在り方の根底に隠されているであろう、その他者に固有の根拠がいかなることかや、その根拠によっていかにして他者の日常生活が支えられているのかをも捉えなければならない。それどころか、哲学としての現象学が解明したところの、こうした根拠からいかにして他者が逃避したり離反しているかをも捉えなければならないはずである。なぜならば、もしもこうした次元にまで遡って他者を理解することができなければ、その他者の表面的な在り方にしか迫れなくなってしまうからである。その結果、すでに第3章第2節で明らかにしたように、常識的なレベルでしかその他者を捉えることができなくなってしまうはずである。

　しかも、他者の在り方の根底にあることを捉えるためには、前章第5節で探ったように、私と他者とのあいだを共有することによって保障されるところの、私と他者とが相互に依存し合っているという事態に基づくだけでは不十分なのであった。さらには、前章第6節で明らかにしたように、他者とのあいだで生じるところの共同の受容作用に基づき、他者と共に同じことを体験し合うことにより、他者の生と自分の生とが一体化し合うことが求められるのであった。

　すると、通常は隠されている次元にまで遡って他者を豊かに深く理解することは、他者とのあいだで共有されているところの、共同の受容作用という事態に私がいかに敏感に気づいているか、ということと密接に関わっているはずである。しかも、前章第3節でブランケンブルクと共に探ったように、己の隠された根拠へと遡る際には、理論的にではなく、自分の生にとっての意味がつきまとう以上、他者をより深い次元で豊かに理解することには、自分自身の生に対する感受性が深く関わっているはずである。

　そこで本章では、他者理解における深さや豊かさといった事柄を、感受性の観点から解明することにしたい。

　この課題を遂行するために、第1節では、人間の生にはその在り方に応じて深さの次元がそなわっている、ということについて明らかにする。そのうえで、こうした深さの次元を深めることが現実の人間の生を豊かに展開していくことになる、ということを解明する。さらには、日常生活を素朴に送っている時には、我々はあたかも物と同じような在り方をしているがゆえに、大きな不安に陥ることなく活動することができる、ということを示す。第2節では、人間の生を実存という観点から捉えることにより、我々人間が本来は不安に駆られていることと、不安に陥っている時の意識の在り方を解明する。第3節ではまず、人間の生は、認識や思考によっては捉えられえない移ろいやすさをそなえている、ということを明らかにする。そのうえで、こうした移ろいやすさの根拠として、自分の意識の在り方はそのつど主題化されることなく意識自体にそれとなく気づかれているという、意識の微妙な在り方を解明する。第4節では、意識のこうした微妙な在り方の発生過程を、能動的な活動によって意識自体が受動的に触発されているという観点に即して、解明する。本章における以上の解明に基づき、自分や他者の生を感受性豊かに感受できるのは、他者の行為によって自分自身が触発されることによってである、ということを最後に導きたい。

第1節　生における深さの次元

1　ディルタイにおける生の解明

　従来の研究においては人間の在り方が当の人間にとっての在り方に即して十分に捉えられてこなかったという傾向は、第1章で明らかにしたように、質的研究と呼ばれる多くの研究方法においても認められる。しばしばなされる「人間は物とは異なる」といった主張は当然受け入れられるべきである。それゆえ、精神的なものを研究対象とする学問は、「内側から体験される」（Dilthey, 1957, S.318）ことを現実的なこととみなすべきである、というディルタイの主張も、確かに肯首しうるであろう。

　しかも生の哲学の創始者であるディルタイは、内側から体験されることは諸学問が暗黙のうちに研究方法の前提としている思考や認識によっては捉えられない、ということを彼の哲学の出発点としている。というのは、ディルタイによれば、認識作用は認識している当の「生の背後へと遡ることができない」（Dilthey, 1960, S.180）ため、「認識作用に優先するもの」（a.a.O., S.264）こそが人間の生の在り方である、とされているからである。すなわち生は、「知られることのない深さのなかに横たわっているような非合理的なもの」（Dilthey, 1957, S.CX）であり、「把握しえないもの」であり、それゆえ「極め尽くし難く」、「未規定なもの」（Dilthey, 1960, S.143f.）、とされているからである。たしかに、通常はいかなる学問においても必要とされる認識は、当の学問によって明らかにされるべき事態や事柄等が本当はどうなっているのかを明らかにしようとする。しかし、ディルタイが重要視したことは、何かを認識している人間の根底には認識作用によっては捉えられない生の営みがある、ということである。そしてディルタイは、こうした生の営みに迫ろうとすると、迫ろうとしている作用自体は当の認識作用からは逃れてしまうという、いわゆる無限後退に陥ることなく人間の生を捉えることを己の哲学の課題としたのである。

　こうした課題を遂行するためにディルタイは、以下で明らかにするように、人間の生の奥深さに迫ろうとしている。こうしたことからディルタイは、人間の生の捉え難さゆえに生じる深さの次元を漸進的に深める試みとして解釈学を位置づける。そのうえで解釈学の課題は、「著者〔＝他者〕が自分自身を了解していた以上により良く、その著者〔＝他者〕を了解すること」（Dilthey, 1957, S.331; 1927, S.217）にある、とされている。というのもディルタイは、そもそも人間について研究している者を含め、どのような人間であろうとも、その人間自身によっては捉えられないところの隠された根拠に迫ることが必要である、とみなしたからである。こうしたことからディルタイは、人間の生を了解することによる生の深化という観点から、捉え難い生をそのつど概念化することによる生の啓発的解明（Aufklärung）という解釈学の課題を導きだしている（vgl., Dilthey, 1927, S.87）。

　ディルタイにおける人間の生のこうした捉え方からすれば、人間の生は、当人にとっても、生を研究する者にとっても、何らかの演繹や推論や論理や因果

関係等によって捉えられるようなもの、すなわち、説明（Erklärung）される
ものではないことになる。むしろ人間の生は、その未規定性ゆえに、捉えられ
ることによって変化してしまう。そしてまさにこのことが、生のより深い次元
へと生そのものを深化させたり豊かにするような仕方での解明（Aufklärung）
の試みを導き、その結果、解明される生も、解明している生も、共に豊かに啓
発（Aufklärung）されることになる。現実的で具体的な人間の生は、何らか
の諸特徴や諸機能の担い手としてあらかじめすでにそれ自体として存在してい
るために、何らかの仕方で規定されうるような、それゆえ人間の生を捉える者
とは関わりのない即自的所与として存在しているのではない。多くの自然科学
が研究対象としている事柄や事態や出来事は、それらが研究されることによっ
て何らかの変化を蒙ることはほとんどない。そのため、研究者の関わりに影響
されることのない独自の在り方をしているという意味で、自然科学の対象は即
自的に存在している。

　他方、例えば行動傾向を調べようと何らかの質問をされたり性格検査等を施
されると、その結果を知らされる以前に、「なぜこのようなことを調べられて
いるのだろうか」といった想いを抱くことによって、質問をされた者は、それ
までは意識することのなかった自分自身の在り方に敏感になってしまう。さら
に、検査等の結果を知らされれば、その結果を信じるか疑うかにかかわらず、
それ以前には抱かなかった想いが湧きあがってしまうであろう。同様にして、
こうした検査等をする者にとっても、その結果に応じて、それまで抱いていた
人間観が変化してしまうはずである。そして、こうしたことから典型的に明ら
かとなるように、自分の場合であれ他者の場合であれ、ある人間の在り方を捉
えようとするだけで、捉えられる者も捉える者も、それまでとは異なった在り
方になってしまうことが、人間を研究する場合には生じてしまう。そして、こ
のことこそが現実の生きている人間の本質的な在り方となっているのである。

2　生の豊かな展開

　しかし、生を捉えることによる変化というこうした微妙な在り方をしている
からこそ、人間はそれまでの在り方よりも豊かで奥深い在り方へと変化するこ

とができるのである。

　こうしたことからすると、他者の生を理解したり研究したりするのは、当の他者とその他者を理解したり研究している者の生が、理解や研究の営みによって、生の深い次元で共に相互に啓発的に解明され、より豊かに発展的に展開し（entwickeln）、いわば美しく開花する（entfalten）ことを可能にするためである、ということになるはずである。

　このことは、日本語の発達にあたるドイツ語の Entwickelung や Entfaltung という言葉が、次のような意味を含意していることからも窺える。これらのドイツ語は、皺になったり、錯綜していたり、巻き付け（wickeln, falten）られていたものを、その皺や錯綜や巻き付きを解きほぐし（ent）、伸び拡げて展開させることを意味している。また、entfalten は、蕾が弾けて花が咲くという意味ももっている。すると、どちらの言葉も、それまでは内に潜んでおり形をそなえて外に現われることがないという意味で、潜在的であったものを、それとして明確に認められるようなものとして、しかも、花のような美しさを伴って現われさせるという意味で、顕在化させる、ということを含意していることになる。

　しかもすでに第3章第2節で述べたように、現象学においては、素朴に日常生活を送っている際には気づかれることのなかったところの、そうした日常生活を潜在的な次元で支えている根拠を解明することが目指されるのであった。すると、人間の生を現象学に基づいて捉えようと試みることは、人間の生のそれまでは隠されていた根拠を発展的に豊かに展開することにもなる。それゆえ、日常生活を潜在的な次元で支えている根拠を解明することは、人間の生を奥深い次元でより豊かに展開させることにも、すなわち深さの次元を深めることにもなるはずである。

　例えば第3章第6節でヴァルデンフェルスと共に明らかにしたように、観劇における観客は、言葉でもってお互いに確認し合うことなく、そこで演じられていることに関し、共同の受容作用によってあらかじめ一体化されているのであった。そしてこのことが現象学によって解明されることによって、共同の受容作用を自ら生きていたことを知ることができた観客は、それ以前には観劇を素朴に生きていた在り方を脱し、自分も他の多くの観客と一体化されていたこ

とに気づくことになる。すなわち、こうしたことに改めて気づいた者は、実は
それまでは未知であったところの多くの人間と共に観劇を享受していたことに
気づかされることになる。そして、このことに気づくこと自体が、自分の生や
世界が奥深い次元でより豊かに展開されることを意味している。そしてこのこ
とこそが、人間の生を解明することによって、当の生がより豊かに展開される、
ということなのである。

　以上で述べたように、人間の生は、それを捉えようとすることによって微妙
に変化してしまうにもかかわらず、従来の研究の多くは、人間の生を即自的な
存在とみなし、思考や認識の対象として主題的に捉えようとする。例えば、人
間の性格や行動特性を捉えたり、行動の結果を何らかの原因によって説明する
ことは、その典型例である。あるいは、様々な危機的状況に直面している人間
の内面を捉えるために、その人間が発する言葉から、あるいは内面が何らかの
仕方で外に現われたものという意味での、いわゆる「サイン」から、当人の内
面的苦しみやその人間がおかれている切迫した状況を知ろうとする。たしかに、
ある人間の発する言葉は、その人間の内面で生じていることのいわゆる「氷山
の一角」しか表現していない。それゆえメルロ－ポンティのいうように、言葉
で表現することが「ある沈黙を言葉に変えようとする」試みであるならば、言
葉で表現されることのない内面や、「言葉のざわめきの下」にある「沈黙を破
る所作」を捉えることが（Merleau-Ponty, 1945, p.214, 302頁）、人間理解にお
ける深さの次元を深めることになるはずである。

　しかも、ある人間が自分の内面を言葉で表出したり、他者によってその人間
の内面で生じていると思われることが言い当てられたりすると、その人間の内
面は変化してしまう。というのも、何らかの事柄を言葉で言い表わすことは、
人間の内面を大きく変化させてしまうからである。メルロ－ポンティが述べて
いるように、「言葉を語るものにとっての言葉は、すでにできあがっている思
考を〔書き言葉や話し言葉へと〕翻訳するのではなく、それを〔補完しながら〕
完成させる」（ibid., p.207, 同書, 293頁）。例えば、外出しようとすると調子が
思わしくなくなる人間は、自分では明確に捉えられない心的な重荷を背負って
いると同時に、医学・生理学的な身体の不調に陥っているのかもしれない。し
かし、こうした人間が自らの心身状態をいわゆる「不登校」に特有の症状とみ

なしたり、そうであることを他者の言葉で説明されたりすると、その人間は、「不登校」という言葉によって意味されるような在り方へと変化してしまう、ということが生じる。現象学的精神病理学者であるヴァン・デン・ベルクは、精神の病に苦しんでいる「すべての患者は、自分の病気そのものに罹患していることのほかに、自分の医師の見解のなかにある病気にも罹患する」（ヴァン・デン・ベルク, 1976, 116頁）、と述べている。まったく同様にして、ある言葉は、その言葉によって意味されるような状況に陥りそうな、それゆえぎりぎりのところでその状況に陥ることを必死に耐えている人間を、その当の状況に陥らせる可能性をそなえている。あるいは、「不登校」の原因が自分自身にわからないことに苦しんでいる子どもは、その原因を他者に見つけてもらえるだけでも、あるいは何らかの精神的な疾患を医師によって診断されることによっても、いく分かは落ち着く、といったこともよく知られている。というのも、「不登校」の原因がわからずに苦しんでいた生が、みいだされた原因によって因果的に生起するような生へと事後的に変化してしまうからである。

3　日常生活における生

　しかし、日常的営みにおいては、生の未規定さや言語化による生の変化といった事態が我々自身に明確に捉えられていないことの方がはるかに多い。教育を受けることにより社会化されてきた我々現代人は、学問的・客観的・論理的・実証的な思考方法や認識方法に慣れ親しんでいる。そのため、我々は、西欧化された生活世界と生活世界を支える自明性が、一人ひとりの人間にとってどのように意識されているのかを徹底的に問うことなく、日常生活を営み、享受し、また、この生活世界のうえに構築された学問を受け入れたりしている。こうした自明性としては、例えば、何らかの出来事には原因があるといった因果律や、人間の行動はかつての経験やこれからの目的によって動機づけられているといった動機つけ連関や、意志によって次の行為が規定されるといった心理的決定論などが挙げられる。たしかに、これらの自明性は、日常的な生の営みにおいてはそれとして明確に意識されてはいないが、教育を介して諸学問の成果を身につけることによって多くの人々に維持され続ける。そうである限り、

素朴で主観的であると同時に、それだけより一層疑いなく確かであり、不特定の誰にとっても妥当するという意味で、客観的な自明性ともなっている。

　しかしそうであるからこそ、我々は、素朴な仕方で日常生活を営んでいる時には、不安に陥ることなく、自らの生を遂行できる。また、そのような仕方で生を営んでいる者同士のあいだでの他者理解や他者関係もまた、決定的な危機に陥ることなく、むしろ結果として両者の自明性を補強するような仕方で遂行されうるのである。

　ほぼ同じことをサルトルの言葉でいいかえれば、次のようになる。すなわち、我々は、様々な価値観や社会的に是認されている倫理観や道徳観によって支配されている「世界へと投げ込まれ」、それらによって「拘束されて（engagé）いる」（Sartre, 1943, p.75, Ⅰ 134頁）、と。そのため我々は、何らかの行為を自ら選択したり実現する以前に、どのような選択をすべきかや、どのように振る舞うべきかに関して迷う必要がない。例えば、公共の場ではしかじかの振る舞いをすれば、その場に即した在り方でいられるといったように、そのつど悩んだり迷うことなく社会生活を支障なく送ることができるようになっている。それどころか、自分のいわば主体的な決心といった「心理的決定論」（ibid., p.78, Ⅰ 139頁）に従うことによって、それゆえ、事物に関する法則と同様の法則に従って活動し機能するかのような「擬物的（chosiste＝物と似たような）」（ibid., p.63, Ⅰ 113頁）意識として日々の生活を送っている。例えば、自分の身体能力からするとこの程度の水たまりは飛び越せると思えるのは、自分の体重や歩幅といった物体としての自分の身体と水たまりの幅等とのいわゆる物理的な関係を暗黙のうちに計測することができるからである。あるいは、かなり狭い歩道を歩かなければならない時にも、自分の身体を物体とみなすことによって、歩道からはみでたり、つまづくことなく歩き続けることができる。こうした時には、第2章第1節と第2節で述べたように、私は、自分を世界内の客体とみなしているだけではなく、私の身体もそうした世界内の物とみなしていることになる。このことをサルトルの術語を使えば、次のようにいえる。すなわち、こうした時の私は、本来は自分自身と向き合うことにより自分が変わってしまうところの「対自（pour-soi）」であるにもかかわらず、物がそうであるところの、自分と向き合うことのない「即自（en-soi）」としての意識の在り方をしている

(cf., ibid., p.124-p.125, Ⅰ225頁-227頁参照)、と。そして、こうした在り方をすることによって、不安に陥ることなく、日常生活を営むことができる。ところが、これらの諸価値や倫理や様々な決定論が、実は自らの意識によってのみ創りあげられ保持されているだけでしかないことに、そして自分がそれに従うか否かが不確かな可能性でしかないことに気づいた時に、我々は不安に陥ることになる。サルトルのいうように、何の支障もなく素朴に生を営んでいる「非反省的な意識」(ibid., p.74, Ⅰ132頁)が己自身に向き合うという「反省的な意識」となった時に、我々は「不安」に陥ることになる(ibid., p.78, Ⅰ139頁)。というのは、諸価値等に従ったり、心理的決定論を頼りにしているのは他の誰でもない私自身でしかないという己自身の在り方に向き合うことになると、そうした自分自身の在り方を保証してくれるものが自分に本当にそなわっているかどうかが定かではないことに気づかされるからである。すなわち、諸価値等に従ったり、心理的決定論を頼りにしているのが他の誰でもない私でしかないことに向き合うことによって、そうではない在り方を選択しうるのも私の可能性であることに気づかされて、私は、自分にとって好ましい在り方とは逆の在り方に陥るのではないか、という不安に駆られることになる。例えば、しかじかのことをしないようにと強く意識すれば、それだけより一層しかじかのことをしてしまうのではないか、という不安が生じてしまうのである。

　他方、西欧化された社会のなかで大きな支障なく、それなりの仕方で生を営んでいる時には、我々は、確固として存在している在り方として、何らかの仕方で説明されたり、生活世界の自明性に基づいて判断されたり、価値づけされたりするような、それゆえ、先ほど述べたように、即自〔＝物〕の法則に従う擬物的意識として生活することができる。こうしたことから、自分の日常的な生活様式やそのうえに構築されたような人間一般についての学問や研究の成果に基づいて、個々の特定の人間を捉えることや理論的に研究することが通常になっているのである。そして、こうした擬物的意識として行為している者同士のあいだで他者を理解することや他者と関わることが大きな支障なく相互に可能となっている限り、問題なく自らの生を営んでいる際の人間関係についての学問や研究もそれなりの意義をもっていることは、否定できないであろう。

　しかし、何らかの生きづらさや生活上の困難や他者関係などに関し大きな問

題を抱えている人間の生は、以上のような仕方で捉えられたり研究されうるような生ではないことも、やはり明らかであろう。

　では、日常生活を根底で支えているところの、擬物化されることのない在り方は本来どのようになっているのであろうか。次節では、この問いに応えることを試みたい。

第2節　実存としての私の存在と不安

1　実字としての私の存在

　フッサールによれば、西欧化された社会や文化を支えているところの、自然科学によって明らかにされている世界は、「客観的に規定可能であり、またそれ自体（an sich）において規定されている」もの（Husserl, 1976, S.30, 49頁）と、サルトルの言葉を使えば即自とみなされることにより、自然科学は飛躍的に発展した、とされる。しかし、このことによって、一見すると主観的で相対的であるように思われる我々の生活世界も、「無限に進行する学問的予見によって改良する」ことができるような、つまり自然科学に特有の仕方で規定されうるような「理念の衣」をきせられてしまっている（a.a.O., S.52, 同書, 73頁）、とされる。例えば、日常生活においてはそのつどの気分や感情等によって異なる現われ方をしてしまうがゆえに、主観的で相対的な風景は、自然科学の観点からすれば、因果関係や自然科学の法則に従って生起するだけの出来事とみなされてしまう。同様のことは、現実の人間の捉え方にも敷衍されることになる。その結果、「心的側面をそれに対応する〔＝理念の衣をきせられた物体的側面に対してと同様の〕理論的取り扱い方に委ねる」ことにより、心理学の課題は、自然科学に対する「補完的課題として性格づけられる」（a.a.O., S.231, 同書, 323頁）ことになってしまう。すなわち、心理学が本来の課題としてきた心という人間の内面で生じていることも、自然科学に基づく理論的な取り扱いの対象となってしまう。例えば、各種の性格査等においては、人間の性格を様々な要因の集合体とみなし、それぞれの要因が数値化されたり、何らかの基準に従って分類されることによって、個々の人間の性格を判定する、ということがご

く一般的になされている。それゆえフッサールも、人間についてのこうした捉え方について、人間の「心そのもの」が「物体化されている（Verkörperung）」（ebd., 同所）とみなすことにより、本章第1節の3で引用したところのサルトルにおける擬物的意識と同様の事態を指摘している。このことは、メルロ－ポンティの言葉を使えば、「生物体は、……その〔＝科学的〕諸決定がなければ経験の体系のなかに居場所をもつことがなくなるような、そのような諸決定から逃れられなくなる」（Merleau-Ponty, 1945, p.67, 107頁以下）、という事態を意味している。するとこれら3人の哲学者は、それぞれ異なる観点からではあるが、人間の心や意識等はあたかも物と同じような在り方をしているという捉え方が、日常生活においてだけではなく、学問の領域においてもごく普通になされている、ということを指摘していることになる。

　しかし、こうした科学的決定から逃れているのが人間の人間性たるゆえんであり、それ自体として即自的に規定されえないのが人間の存在様式である。たしかに、第2章第1節で探った世界化の逆説によって明らかとなったように、身体と一体となっている一個の人間としての私は、世界内の一客体としても存在している。しかし同時に、私は、私によって経験されている世界の中心としての一個の主体でもある。メルロ－ポンティのいうように、「私とは絶対的な源泉で在る〔＝源泉として存在している〕」（ibid., p.Ⅲ, 同書, 4頁）[1]。すなわち、現実に生を営んでいるそのつどの私は、世界内の一客体として存在している時の私自身を捉えることができるだけではない。さらに私は、先ほど述べたようなあたかも物と同様の在り方をしているとされる私自身に向き合うことさえできる。あるいは、私が生きている物理的環境や社会的状況によって私の生き方が大きな影響を受けていたとしても、こうした影響に対しても、私は一個の主体として態度を取ることができる。例えば、よくいわれていることであるが、自分を取り巻く状況や自分に深く関わってくる他者によって一方的に影響を受けているように思われても、こうした影響に対して私はそのつど態度を取ることができる。こうした影響にどのように向き合うかは、そのつどの私自身でしかない。そのため、こうした影響をどう受けとめるかは、何らかの因果律や法則等によって一方的に決められているわけではない。本章第1節の3でサルトルと共に探ったように、普段は意識することのない自分自身の在り方に向き合

うという反省的な意識となった時には、それまでは気づくことのなかったところの、諸価値等や心理的決定論を頼りにしているのは他の誰でもない私自身でしかない、ということに気づかされる。そしてこのことによって、私を取り巻いている外からの影響が実は私自身の根本的な在り方に起因していることに気づかされる。その結果私は、他者を含めた私の周囲の出来事に私にとっての意味を授けているのは他でもない私自身であることに向き合わされることになる。すなわち私は、自分こそがすべての出来事の絶対的な源泉で在る、という事実に討ち当てられることになる。

　そこで以下では、他者とは代理不可能な唯一無比のかけがえのない絶対的な源泉としての私のこうしたそのつどの存在をメルロ‐ポンティやサルトルと共に実存（existence）と呼ぶことにしたい。

2　実存における不安

　しかし、通常の日常生活を送っている場合には、実存に固有の仕方で生を営むことはかなり困難である。というのは、自分のそのつどの存在を実存とみなすことは、自分自身の身に降りかかるいかなる事態に対しても、そうした事態を何らかの外的状況や自分以外の誰かのせいにすることなく、それらの事態が自分にとってどのような意味をそなえているかや、それらの事態をどう引き受けるかは己自身の実存に委ねられている、ということを実感することになるからである。このことをサルトルの言葉でいいかえれば、一個の実存としての「私は、ただ一人で世界の重みを担い、何ものも、また誰も、その重みを軽くしてくれることはできない」（Sartre, 1943, p.641, Ⅲ277頁）ということを身をもって実感することになる、ということになる。それゆえ一個の実存として己の生を営むことは、他の誰とも取り換えられることのない唯一無比性において、自分一人で己に生じてくるすべての出来事に向き合わされる、ということにならざるをえない。

　通常は自分が一個の実存として存在していることに気づくことなく日常生活を送っている人間も、一個の実存としての己の在り方から完全に逃れることはできない。なぜならば、何らかの仕方で生を営んでいる現実的な人間は、その

つどの現在においてはいまだ不確かな未来を生き続けなければならないからである。いわゆる「一寸先は闇」というよく知られた格言が示しているように、一瞬先の未来でさえ、それが現実のものとなっていない以上、一瞬先にどのようなことが自分に降りかかってくるかがわからないという不確定さを常に孕んでいる。たしかに、日常生活を何の支障もなく生きている時には、私の未来は、それが近い未来であればあるほど、私にとってなじみの仕方で現われてくるであろう。しかし、たとえ一瞬先の未来であっても、その時に生じるであろうと確信できるように思われる出来事や状況であっても、それが現実のものとなるまでは、そのつどの現在における私にとっては、あくまでも可能性のままに留まらざるをえない。まさにサルトルのいうように、「私が〔予め〕存在している未来は、私の力が及ぶ範囲外に留まり続けるため、私が私の未来の存在として企てることは、……たんなる可能性の身分へと還元される」(ibid., p.73, Ⅰ131頁) ことにならざるをえないのである。私は、可能性の状態を免れえない未来へと常にすでに投げ込まれている限り、その可能性を実現することができず、まったく予想もつかなかったような状態に陥るかもしれない、という不安を抱かざるをえなくなる。

　たしかに、日常的に慣れ親しまれた仕方で生活している時には、我々は、安心して自分の可能性を実現している。というのは、通常の生活において、「我々は、自分にとって可能なことを定立する（poser＝それとして見定める）前に、行動している」(ibid., p.75, Ⅰ134頁) からである。私は、どのような可能な存在に自分が投げ込まれているのか、私にはどのような可能性があるのか、あるいはその可能性が実現しないという可能性はどの程度あるのかといったことを、本来の在り方である自分自身の実存へと振り返るという仕方で、そのつどことさら反省的に意識してはいない。そうする前に、私は、日常生活において習慣となっている行動パターンや、自分にとっての価値観やそのつどの予想や目的意識等に従って行動している。それゆえサルトルも、自分自身の本来の在り方を振り返ることなく「行動している人間の意識は、非反省的な意識で在る」(ibid., p.74, Ⅰ132頁)、という。非反省的に行動している時には、例えば、私は、社会人としていかに振る舞うべきかといったことを暗黙のうちに要求されており、その要求に従っていさえすれば、大きな支障なく普通に生きていくことが

できる、といった素朴な在り方に基づいて行動している。このことをサルトルの言葉でいいかえれば、次のようになる。すなわち、私は、日常生活を素朴に、すなわち非反省的に生きている時には、いかに振る舞うべきかということや、日常生活を大きな支障なく生きるためにはどう振る舞えばよいのかといったことや、世間の倫理観や道徳観に背かないためにはどうしたらいいのかといったことに対する「要求構造なるもの」（ibid., Ⅰ132頁）をそなえている世界のなかで活動している、と。そのため私は、その要求に自らの意思で主体的に参与している（engager）のである。それゆえこうした要求構造に従って行動している限り、私は安心して日常生活を送ることができるのである。

3　不安と恐怖

　以上で明らかにしたように、本来私は、一個の実存として世界の重みを一人で担っているにもかかわらず、同時に他方では、要求構造によって支配されている世界へと投げ込まれ、それらの要求構造によって拘束されている。しかも、こうした要求構造には、私が広い意味での物体としての身体をもってこうした世界内で活動している限り、私の身体もまた自然科学の法則によって拘束されている、ということが含まれている。それゆえ、すでに第2章第1節で述べたように、私は世界内の一客体であるということは、私は世界内の一物体としても存在している、ということを意味していることにもなる。すなわち、私はあたかも物と似たような仕方で存在せざるをえないのである。このことは、すでによく知られているサルトルにおける断崖の比喩によって、典型的に明らかとなる。すなわち、断崖の小道を歩いている時の私は、石につまずいて断崖から落ちてしまったり、小道が私の足元で崩れたり等々、といったことを懸念する（cf., ibid., p.67, Ⅰ119頁以下参照）。そしてまさにこのことが、フッサール現象学における世界化の逆説に応じた一客体としての私の在り方がサルトルによってさらに先鋭化され、私は「万有引力に従う世界の一客体」（ibid., Ⅰ120頁）として存在している、ということを示しているのである。そしてサルトルは、こうした時に陥る状態を「恐怖（peur）」（ibid., Ⅰ119頁）とみなし、以下で述べるような不安（angoisse）と峻別する。すなわち恐怖においては、断崖の比

喩において明らかとなるように、私を危険に陥らせる「可能性」は、私もそこに属する物の世界といういわば私の「外から私のところにやってくる」（ibid., Ⅰ 120頁）。それゆえ恐怖を抱いている時の私は、いわば自然科学によって規定されている世界へと投げ込まれていることになるのである。

　こうしたことから、私は、断崖に落ちないようにと細心の注意をはらう。しかし、注意をはらうのが私以外の何者でもない以上、また、こうした注意に従って次の行為を選択するのも私の可能性でしかない以上、注意しない可能性へも私は投げ込まれていることになる。というのも、注意しながら慎重に行動しようと決心すること自体が、注意しない私の可能性を私自身が強く意識しているからに他ならないからである。それどころか、自ら断崖に身を投じることさえ私の可能性であるからこそ、この可能性を「私に禁じるものは何もない」（ibid., p.69, Ⅰ 123頁）、ということになる。すなわち、恐怖の場合とは異なり、自ら断崖に身を投じてしまうという可能性が私に忍び込んでくることにより、本当は注意深く自分の身を守りたいという私の在り方ではない「意識」に陥ってしまうのが、サルトルがいうところの「不安」なのである（ibid., Ⅰ 123頁）。

　以上のような仕方でサルトルが恐怖と不安とを峻別していることから、不安を覚えている時には、物一般がそうであるところの即自的な存在者についての法則が人間の存在については適応できない、ということが明らかとなる。例えば、石につまずかないように注意すればするほど、より一層、私の意識は、自ら石につまずいてしまうような意識でも在ることになってしまう。なぜならば、石につまづかないようにと意識してしまうこと自体が、それだけですでに石につまづいてしまう可能性は他の誰でもない私自身の可能性であることを意識していることになるからである。それゆえこうした時には、恐怖の場合とは異なり、私を脅かすものは、外からやってくるのではなく、石につまづいてしまうのは私自身であるという私の意識そのものであることになる。すなわちサルトルのいうように、石につまずかないようにという私の意識は、「私が在るであろうところのもの〔＝石につまずかないようにしている者〕ですでに在る以上、……私はそれで在らぬ〔＝石につまずいてしまう者〕という仕方で」（ibid., Ⅰ 123頁）、石につまづいてしまう可能性を生きてしまっているのである。断崖の比喩で明らかとなるように、自分にとって不都合な事態を避けようと強く意識

することは、そうした事態を自ら招くのではないかという可能性を意識することでもある。そうである以上、私は、自分の意図とは関わりなくこうした事態を招くかもしれないという危惧に襲われていることになるのである。何かを避けようと意識すればそれだけ一層、避けたいと思っている事態を自ら招いてしまうのではないかと危惧した時に囚われるのが、サルトルがいうところの不安なのである。

　上述の断崖の比喩においては、これからの自分の在り方の可能性につての不安が問題となっているため、この時に陥る不安は、サルトルによって「将来を目前としている不安」（ibid., Ⅰ124頁）と呼ばれている。こうした不安に対応しているのが「過去に向き合う不安」（ibid., Ⅰ124頁）である。例えば、博打を二度と繰り返さないとかたく決心したにもかかわらず、この決心が強ければ強いほど、賭博者が賭博台を眼にした時には、過去の彼の決心は、博打をしないという結果を彼に生みだしてはくれない（cf., ibid., p.70, Ⅰ125頁参照）。すなわち、「その時彼が不安のうちに捉えるのは、まさに過去の決心の全面的な無効である」（ibid., Ⅰ125頁）。というのも、過去の決心をしたのは私自身であるということに頼ろうとすることは、頼っている今現在の私の意識は、過去の決心が頼りにならないという可能性に駆られているからこそだからである。すなわち、過去の決心に意識を向けることによって、意識を向けている現在の意識は、もはや決心をした時の意識ではなくなり、過去の意識の頼りなさに苛まれている意識でしかないからである。このことは、私自身のかつての意識の営みを改めて自分の意識の対象としてしまうと、かつての意識はもはや今現在の私の意識ではない、ということを意味している。それゆえサルトルのいうように、過去の決心をしたのは私自身であるにもかかわらず、むしろ逆説的に、「その決心が私の意識にとって存在しているという事実によって、私の決心はもはや私〔の決心〕ではない」のであり、「私は私の決心から逃れでている」ことになるのである（ibid., Ⅰ125頁）。それゆえ、上述の比喩の場合でいえば、「これからは決して博打をしない」と何度決心しても博打を繰り返すのは、意志が弱いからではなく、不安に陥っている意識の本来の在り方に基づいた在り方をしているからである。

　「明日こそは学校に行こう」と決心した不登校児の意識についても同じこと

がいえる。不登校児は、「明日こそは学校に行こう」と決心すればするほど、例えば、朝になって玄関で靴を履こうとした時に、学校に行けばまたいやな目に遭うのではないか、という危惧に襲われる場合は、こうした危惧の可能性はその子どもの意識の外からやってくるため、彼が陥るのは恐怖である。他方、こうした恐怖に襲われ、この恐怖をのり超えようとして、「明日こそは学校に行こう」と昨晩あれほど決心したはずではなかったのか、と前夜の決心に頼ろうとした瞬間、当の子どもはサルトルがいうところの不安に陥ることになる。すなわち、過去の決心は、「私が私の決心についての意識をもっているという事実によって、凝固し、無効になり、〔私から〕はみでてしまっている」（ibid., Ⅰ 125頁）。決心したのは私であるからこそ、まさに逆説的なことになるが、「私は、それで在らぬという仕方〔＝学校へ行くことができないという意識〕において、この決心〔＝学校に行くという意識〕で在る」（ibid., Ⅰ 125頁）限り、ある決心がある行動を結果として導いてくれるという心理的決定論は、無効にさせられるのである。

　他方、「生徒である以上学校には行かなければならない」という要求に従って、あるいは、「学校に行くことは将来のためになる」という価値づけにより、あるいはまた、「学校に行くことはあたりまえのこと」といった自明性に基づいて学校に通っているということが、不登校に陥っていない意識の在り方である。さらには、サルトルのいう意味で非反省的に、すなわち何も考えずに、朝起きたら学校へ行くための身づくろいを行なっており、その延長上の行為として学校に向かっている、ということが、何の支障もなく登校している意識の在り方なのである。

　ここまでの本章で明らかにしたように、人間の意識や在り方は、自分を振り返る反省などによって微妙に変化したり、当初のものとは反対の意識や在り方となってしまう。そうであるにもかかわらず、人間の意識や在り方が、物と同様、規定可能なものとして捉えられてきたのには、以下で明らかにするように、それなりの根拠があるからである。現象学以前にこうした根拠を明らかにしたのは、ディルタイと同様、生の哲学者と呼ばれているニーチェである。そこで次節の1では、人間の生の移ろいやすさについてのニーチェの捉え方について考察する。そのうえで2では、そのつどの自分の意識がそれとして明確に捉え

られることなく、意識自体にそれとなく気づかされている時の意識の在り方を
解明することにしたい。

第3節　生を感受すること

1　生の移ろいやすさ

　ニーチェによれば、いかなるものであっても、「それ自体確固として規定さ
れているようなもの」は、世界内で人間が生きていくために構築されたたんな
る虚構でしかない (Nietzsche, 1964, S.377, 552, 75頁)[2]、とされる。というのは、
例えば、「○○は××である」ということを確信しているからこそ、我々は安
心して○○に関わることができるからである。あるいは、こうした確信を他者
と共有しているからこそ、我々は他者と○○について認識を共有できたり、他
者と共に○○に関わることができるからである。それゆえニーチェは、こうし
て構築されたものは、「我々の実践的欲求」(a.a.O., S.351, 515, 同書, 43頁) の
ためや他者に「再び認識されうる」(a.a.O., S.388, 569, 同書, 89頁) ようにと、
「概念的に把握」(a.a.O., S.422, 624, 同書, 133頁) されたものでしかない、という。
すなわち我々は、現実の生活のなかで、あるいは学問の領域において、そのつ
ど個別的に出会われてきたり現われてくる物や事柄や出来事や人間を捉えたり、
それらと関わる時には、それら個々のものをそれと同様の内実をそなえた他の
多くの個々のものと一括して包括的に捉えようとする。例えば、特定のある一
人の人間を見て「この人は保守的だ」と判断している時には、当の一人の人間
だけではなく、その人間と同様の特質をそなえたすべての人間のなかの一人と
して当の人間を捉えていることになる。そのため、この時の判断は、「保守的」
という概念に基づいてなされていることになる。それゆえ我々がなしている認
識や思考も、我々にとってすでに既知となっている枠組みや概念のうえになさ
れることになる。
　日常生活においてだけではなく、学問の領域においても同様である。何らか
の未知のものや事柄や人間に出会った際に、それが私にとって既知となってい
る枠組みや概念では処理できなくなってしまうと、我々はどのような仕方で研

究を進めたらよいのかがわからなくなる。しかし、そうした未知の物や事柄や人間をそのつどの研究者にとってすでに親しまれている研究の枠組みや既知の概念でもって捉えてしまえば、我々は、例えば「○○は、一見すると私には研究したことがないように思われても、実はすでに研究済みの◎◎とほとんど同じなんだ」、とみなすことができる。そしてこうした時には、ニーチェのいうように、「新しい素材を古いひな型のうちへと組み込むこと」（a.a.O., S.345, 499, 同書, 34頁）により、我々は○○をすでに構築されている研究の枠組みに組み込んだり、他の研究者と共同して○○について研究を進めることができるようになる。

　教育や保育の現場でも、例えば実習生は、他の子どもたちと共にうまく集団活動に参加していない子どもに出会い、その子どもはなぜこうした振る舞いをするのかがわからないと、その子どもと関わるための方法がみいだせなくなる。しかし、そうした時に、「あの子は自閉症なんです」と教えてもらうと、自閉症児とうまく関わるための方法がみえてきて、当の実習生は安心してその子どもに関わることができるようになる。そして、こうした時に生じているのが、教育や保育の現場でよく知られているように、ある特定の一人の子どもを知能検査や性格診断テストやいわゆる「診断名」を頼りに概念的に捉えることによって、その子どもを理解したような気分になることができる、ということなのである。

　しかし、本章第1節の3でサルトルと共に明らかにしたように、自分自身に意識を向けることによって、己の意識や在り方は微妙に変化してしまうのであった。それゆえニーチェのいうように、「〔自分自身の在り方を振り返るという〕自己反省は危険なこと」（a.a.O., S.343, 492, 同書, 31頁）にさえなる。それどころか、本章第1節で述べたように、他者を理解することによって、理解されている他者だけではなく、理解しようとしている者の在り方も微妙に変化してしまうのであった、しかもニーチェのいうように、現実に生きられている人間の生は、「絶えざる移ろいやすさと無常さ」（a.a.O., S.342, 490, 同書, 30頁）に晒されながら、「絶えず己を［己自身から］ずらし変えている」（a.a.O., S.341, 488, 同書, 28頁）はずである。すなわち、一見すると日々の日常生活をたんに繰り返しているように思われても、個々の人間は、そうした繰り返しによって、

自分自身の生き方の確かさを実感したり、時にはそうした自分の生き方に否定的になったりしているはずである。たとえ同じような行動パターンの繰り返しであったとしても、同じ出来事の繰り返しそのものに時には幸せを感じたり、何らかの新鮮さを実感することもあろう。それどころか、日々の繰り返しに思えるような出来事のなかにも、これまでは経験したことのない小さな変化が生じているはずである。そして、それまでは訪れたことのない場所に旅行したり、それまでは行なったことのない趣味などに取り組んだりすることなどによって、それまでとは異なる自分を発見することもあるはずである。そして、こうした微妙で小さな変化に敏感になることこそが、本章で後述することになる、感受性の豊かさに通じているはずである。

　たしかに、ニーチェのいうような仕方で本来は自分自身をずらし変えているにもかかわらず、人間の生は、概念的に物事を捉えようとしている「意識にとってより熟知の諸状態へと翻訳されること」（a.a.O., S.335, 479, 同書, 21頁）になってしまう。しかし、人間の意識がこうした傾向に陥りやすいからこそ、逆に、他者や自分をその本来の在り方に即して捉えるためには、思考作用や認識作用や既成の理論によっては説明できないことに不意討ち的に出会い、「ますます より多く外なるものを……自分の身につけさせる」（a.a.O., S.458, 681, 同書, 176頁）ことが求められるはずである。

　そして以上のことからは、カウンセリングを含めた広い意味での教育実践や教育研究において、子どもやクライエントがおかれている状況や彼らの体験や経験が教師や保育者やカウンセラーによくわかってしまうことは危険な対応である、ということが導かれるはずである。子どもを発達尺度に即して評定したり、何らかのテストによって子どもの特性や性格や行動傾向を診断したり、診断基準に従って精神的疾患を同定したりする場合はいうに及ばない。多くの過去の実践例を頼りに眼の前の人間のことがすぐにわかってしまうことも、今ここで向き合っているある特定の人間の生や意識や在り方そのものを、「既存の系列のなかへと包摂する」（a.a.O., S.349, 511, 同書, 40頁）ことにしかならない。その結果、当の人間との直接的で対峙的な関わりから逃れでることにしかならない。そして、こうした時には、他の人間を「わかってしまっている」者の生や意識や在り方も、それまでの枠組みや概念によっては捉えられないことに出

会うことがないため、発展的に開花することがない。

　それどころか、思考や認識によって他者を捉えたり研究しようとする試みは、その他者が自分にとって大事な人間であればあるほど、挫折せざるをえない。このことを、反精神医学者であるレインは、次のような人間模様として、見事に描きだしている。すなわち、「ジャックがジルを恐れていると／ジルが思っていると／ジャックが思うならば／ジャックはジルをますます恐れる」（レイン，1973，130頁）ことになる。しかも、こうした恐れは、「ジャックが恐れていると／ジルが思うだろうと」（同所）、という思考や認識に基づく限り、レインがいうところの「絡みあい、こんがらかり、袋小路、支離滅裂、堂々めぐり」（同書，2頁）に陥ってしまう。

　そこで次の2では、以上で明らかにしたところの、移ろいやすさを絶えず携えている人間の意識はどのような在り方をしているか、ということを解明する。

2　自分の意識についての意識の在り方

　本章で明らかにしてきたように、人間の生は、それが捉えられることによって変化してしまう以上、変化以前の生の在り方と変化後の生の在り方とが自分自身に気づかれているはずである。というのは、もしもそうでなければ、そもそも変化ということ自体が問題となりえないからである。そして、変化以前や変化以後も含め、そのつどの生の在り方が自分自身に気づかれていることについて探っているのが、本章第1節の1で取り挙げたディルタイである。

　すなわちディルタイによれば、、そのつど何らかの体験をしている時の私には、「〔自分こそが〕体験しているということが常に体験自身〔＝私自身に〕確信されている」（Dilthy, 1927, S.26）、とされている。というのは、もしもそうでなければ、上述したように、自分が何らかの変化を蒙っていること自体が自分自身に気づかされることがない、ということだけに留まらないからである。さらには、私は自分の生の営みついて自己意識をもてなくなるだけでもない。それどころか、自分が現に存在しているということさえ、それゆえ生きているということさえ自覚できなくなるであろう。我々は、そのつど意図して自分自身へと振り返ることのないまま、他の誰でもない自分自身が何らかの活動をしてい

るという自己意識を常に携えている。こうした自己意識をディルタイは内的知覚と呼び、「内的知覚とは、何よりもまず〔己自身の内的〕状態あるいは出来事の内的意識以外の何ものでもない」（Dilthey, 1957, S.197）、という。例えば私が悲しいと感じる時、悲しみの感情は私にとって外の世界に属している客体ではなく、他の誰でもない私自身の悲しみがそのつどの私と一体となっており、私はこの悲しみの状態を現に生きている。それゆえ、この時の私は、悲しみを生きているままの私の状態を実感していることになる。そしてこうした仕方での私自身についての自己意識は、私がいかなる活動をしている時にも生じている。そのため、ディルタイのいうように、私は、何かをしている時のそのつどの私自身を「それとなく自覚している（innewerden）」（ebd.）ことに、すなわち自分の在り方についていわば身に覚えがある（gewahren）ことになる。

　こうしたことからディルタイは、それとなく自覚したり、身に覚えがあるという仕方で、「感覚的に与えられている心的生の表出から生が認識へと到来する過程を了解と名づける」（a.a.O., S.332）。そのうえでディルタイは、それとなく自覚されている己の生をそれとして明確に捉えることを彼の哲学の課題としているのである。それゆえ、第3章第2節と第3節で明らかにしたところの、通常は隠されていながらも、それとなく気づかれている在り方を明らかにすることが、ディルタイにおいて哲学の課題として明確に提起されたことになる。

　しかしディルタイは、生が認識へと到来する過程そのものについては具体的に考察していないだけではない。さらにディルタイは、すでに本章第1節で引用したように、「非合理的なもの」とか「極め尽くし難く」、「未規定なもの」といった否定形を使って生を記述しているだけである。

　ディルタイと同様サルトルも、「意識は自分自身についての意識である」（Sartre, 1943, p.18, Ⅰ25頁）がゆえに、自分自身を「意識しながら存在している」（ibid., p.17, Ⅰ24頁）、ということをまず明記している。しかし、ディルタイとは異なり、サルトルは、フッサールと同様、「意識とは何ものかについての意識である」（ibid., Ⅰ24頁）という意識の志向性を出発点とする。そのうえでサルトルは、意識は、何らかの「対象についての定立的〔＝対象を見定めている〕意識」で在ると同時に、意識「自身についての非定立的〔＝自分を見定めていない〕意識で在る」（ibid., p.19, Ⅰ28頁）、という。すなわち、そのつど

の意識は、何らかの対象に焦点を当ててその対象をそれとして明確に意識している時には、そうした自分自身の意識についてそれとなく気づいているのである。それゆえ、私が何らかの活動をしている時、例えば眼の前のある物の数を数えている時、私は、数えているという私自身の意識活動を反省によって意識の対象としてことさら定立する（poser＝見定める）ことをせずに、すなわち他の誰でもないこの私こそが数えているのだ、ということを改めて意識の明確な対象とすることなく、数えている私自身をそれとなく意識しながら存在している。

　このことは、意識にあたるフランス語や英語の conscience や consciousness という言葉が、付加的に（con）知ること（scire）というラテン語から成り立っていることからも、間接的に示唆されうる。そしてサルトルは、自分をことさら見定めることなく、それとなく身に覚えのあるような自己意識の在り方を「意識の半透明性」（ibid., p.26, Ⅰ41頁）と呼んでいる。すなわち、サルトルによれば、そのつどの意識は、何かを明確に意識しながらも、そうした意識の在り方がいわば透けて見えてくるような仕方で、自分自身にそれとなく感じられている、とされている。そしてサルトルは、『存在と無』のいたるところで、意識の半透明性についてかなり豊かで深い記述を行なっている。するとここにおいて、第3章第3節で探られたところの、現象学を遂行する際に暗黙の前提とされていた己自身の在り方につての予感の内実が、サルトルにおける意識の半透明性という術語によって明示化されたことになる。

　意識の半透明性という事態が典型的に明らかになるのは、自分の在り方を何らかの仕方で意図的に変えようと試みる場合である。例えば、私が私自身を取り繕うために、自分に嘘をつきながらも、しだいにその嘘の自分になってしまったかのような気分になって、いわば自分が自分自身に騙される、といったことが生じることがある。例えば、自分のある性格や行動傾向などが自分自身にとって疎ましく思われるため、こうした疎ましさを解消しようと、私は、そうした性格や行動傾向は本来の自分の在り方ではないとみなそうとしたり、それらから意識をそらそうと努める。こうした努力は嘘をつくことになるが、通常の嘘が他者に向けられたものであるのとは異なり、この場合の嘘は、サルトルのいうように、「自分に対する嘘」（ibid., p.87, Ⅰ156頁）となっている。たし

かに、自分自身に対してこうした嘘をつくことは、その嘘によって自分自身が騙されることにより、他ならぬ私にとっての私の在り方を取り繕い、何とか自分を支えようとすることになるであろう。しかし、自分に対してこうした嘘をつけるためは、在りたいと願う私自身の在り方を明確にそれとして見定めながらも、サルトルの言葉を使えば、定立的に意識しながらも、私は同時に、実はそうではない自分の在り方をことさら見定めることなく、サルトルの言葉を使えば、非定立的に意識していなければならない。自分で自分を騙しているがゆえに、サルトルによって自己欺瞞と呼ばれているこうした意識の在り方が可能となるのも、自分自身の意識に対する意識の半透明性ゆえにである。すなわち、「自己欺瞞において、私が真実〔＝自分にとって疎ましい在り方〕を覆い隠すのは、他ならぬ私自身に対してである」（ibid., Ⅰ 156頁）が、「私に対してこの真実をより入念に隠すために、私はこの真実をきわめて正確に知っていなければならない」（ibid., Ⅰ 157頁）のである。

　それゆえ、自己欺瞞は、道徳的・倫理的に否定されるべき意識の在り方ではない。むしろ、「ほとんどの人々にとって、生の通常の姿であり」、疎ましい自分について自覚しているがゆえに、むしろそうした自分自身に対する「生真面目さと懐疑的冷笑とのあいだを絶えず動揺している」（ibid., p.88, Ⅰ 158頁）のが自己欺瞞なのである。したがって、自己欺瞞自体は、「儚い現象」（ibid., Ⅰ 158頁）でありながらも、ごく普通の意識の在り方でもある。例えば、自分のことを嘘つきだと思っている人は、本当に嘘つきなのであろうか、といった意識の微妙な在り方が自己欺瞞の典型である。このように、自分のことを懐疑的に捉えながらも、そのように自分を捉えている自分自身をどこかで冷笑するような、非常に微妙な在り方をしているのが自己欺瞞における人間の在り方なのである。

　こうした自己欺瞞の典型例として、サルトルはさらに、自分を誠実であると思っている人や他者に誠実さを求める人（cf. ibid., p.102f., Ⅰ 184頁以下参照）や、自分は悪人であると告白する人（cf. ibid., p.105, Ⅰ 190頁参照）等の意識を挙げている。そのうえでサルトルは、何らかの仕方で自分自身と向き合うことにより微妙に変化してしまうという観点から捉えられた人間の在り方を対自と呼び、彼の主著である『存在と無』のいたるところでこうした対自の在り方につ

いて豊かに生き生きと記述している。

　例えば、本章第2節の3でサルトルと共に、将来を目前としている不安の典型例として探ったように、断崖の小道を歩いている時には、石につまずかないように注意すればするほど、より一層、私の意識は、自ら石につまずいてしまう意識でも在ることになってしまうのであった。このことは、注意すればするほど、注意している在り方ではなくなり、注意することによって避けようとしている在り方に陥ってしまうがゆえに、注意することによって在りたいと目指している在り方ではない在り方となってしまう、ということを如実に示している。過去に向き合う不安においても、例えば賭博者や不登校の子どもにとっては、過去の決心が強ければそれだけより一層こうした決心を実現できなくなってしまう。このことも、決心することによって、決心している在り方ではなくなっている、ということを示している。自己欺瞞や生真面目さにおいては、自分で自分がどのような人間であるかを判断することにより、そうした自分にそれとなく気づいている意識の半透明性によって、それとは微妙に異なる自分になってしまっているのである。

　これらの例から明らかになるのは、自分を定立的に捉えようとすると、すなわち自分を見定めようとすると、見定められた者ではなくなってしまうという、微妙な在り方をしているのが、現実の人間の意識の在り方である、ということである。そして、こうした意識の在り方こそが、すでに本章第2節の3で補足しながら引用した文言とほぼ同様の、サルトルによる次のような有名な文言によって定式化されている。すなわち、人間の意識は、「それが在るところのもので在らず、それが在らぬところのもので在る」（ibid., p.97、Ⅰ175頁）という在り方をしているのである。そして、こうした儚い在り方こそが、サルトルによって、対自としての意識の本来の在り方である、とされているのである。

　しかしサルトル自身は、こうした儚い在り方をしている意識の発生過程については解明していない。そして、こうした微妙な意識も含めた、意識にとっての意識の在り方をより深く解明しているのがフッサールである。そこで次節では、フッサールと共に、意識のこうした微妙な在り方の内実と、こうした意識に基づく人間の豊かで奥深い在り方について探ることにしたい。

第4節　自己触発

　何ものかについての定立的意識が自分自身についての非定立的意識でもある、という意識の半透明性は、フッサールの言葉を使えば、定立的対象を主題的に志向している意識は、以下で明らかにするように、この志向的な意識の機能そのものによって自ら触発されている、といいかえることができる。すなわち、「私は、〔何らかの対象に〕自らを差し向けつつ、あれやこれやの能動性において〔その対象に〕従事しつつ、ある仕方で絶えず……あれこれと能動的であった私と関わり合っている」（Husserl, 1933, S.8）のである。そして、このような仕方で自分自身と関わり合っている私は、「私〔自身にとって〕何ものかではない」（ebd.）ため、私によって主題的な意識の対象としては捉えられていない。この時の私は、非主題的で対象化されることのない仕方で、私が私自身の能動的意識作用を触知しているだけでしかない。

　例えば日常生活において、私がある人の言葉によって大きな影響を受けた時に、「その人の言葉によって私は大いに触発された」、という体験をすることがある。すなわち、何らかの対象や出来事に関わっている時には、それらの対象や出来事の側からみれば、他の対象や出来事をさしおいて、それが私の意識を引きつけていると、つまり私を触発している、といえる。するとこの時には、先に引用したフッサールの言葉からすると、私が何らかの対象や出来事へと向かっている時には、その対象に触発されているだけではないことになる。さらには、対象に関わっている私自身の活動によっても、私は受動的に触発されているのである。上述の例の場合でいえば、ある人の言葉に触発されている時には、さらに同時に、その言葉に触発されることによって、私の感動がしだいに高まってくる、という仕方で、私は私自身によっても触発されている。たしかに、自分による自分自身へのこうした触発は、実際に耳を傾けて聞いている他者の言葉そのものからの触発ほどには、私にとって明確でもなければ、反省によっても捉えられない。しかし、他者の言葉に感動しているのは私であることは、ことさら反省しなくても、私自身にそれとなく自覚されている。こうした仕方でしか感じられることのない自分自身との関わりこそが、フッサールがいうところの、非主題的で対象化されることのない私との関わり合いのことであ

る。以上のことから、ヘルトは、私の能動的な活動による私自身への対象化されることのないこうした仕方での触発を、「自我の〔自我自身への〕自己触発」（Held, 1966, S.111, 156頁）と呼んでいる。

　すると、何らかの対象についての定立的意識は同時に意識自身についての非定立的意識で在るという、意識の半透明性についてのサルトルの思索の内実が、フッサール現象学における自己触発についての以上の記述によって、より深められたことになる。さらには、本章第 3 節の 2 でディルタイと共に明らかにしたところの、内的知覚の内実が、より明確に具体化されたことにもなる。

　自分の能動的な活動によって自分自身が受動的に触発されていることは、つまり自己触発は、日常生活のいたるところで実際に生じている。このことは、例えば次のような場合に典型的に実感できる。突然大きな音がしたので、周りを見回したり、不思議に思って、傍にいる人と眼を合わせたりするといった、思わずしてしまう行為は、大きな音に刺激されて反射的に身体が、例えば一瞬ビクッと痙攣することとは異なっている。反射的活動の後に思わずしてしまう行為は、大きな音を聞いた自分の意識を後から振り返って反省し、その反省に基づいて行なわれるのではない。そうではなく、この時の行為は、大きな音に驚くことによって意識が触発され、不思議さなどの感情と一体となって、より正確に述べれば、そうした感情の身体的発露として、ごく自然に生じた意識の活動である。

　あるいは、ころんでわずかなすり傷を負った幼児は、多くの場合、その痛みによってすぐに泣きだすことがない。親が、「だいじょうぶ？」といった声をかけたり、彼にあわててかけよったりすると、幼児が泣き始めるのも、自己触発によるのである。というのは、ころんですぐに泣きださないことからすれば、傷の痛みによって幼児が泣き始めるのではないことは明らかだからである。また、泣くことによって親に慰めてほしいからでもない。そうではなく、自分のことを心配してくれている親との関わりが、幼児自身に自己触発され、この自己触発によって、幼児は、しだいにしゃくり始め、このしゃくり始めによってさらに自己触発され、ついには大泣きしてしまう、ということが生じるのである。

　あるいは、誰かに対する怒りを当人に叩きつけると、この行為によってます

ます怒りが増大するのも、やはり自己触発によるのである。

　たしかに、自分による自分自身へのこうした触発は、直接自分を触発してくる出来事や対象ほどには、強く自覚されることがない。自己触発は、私自身にとって明確でもなければ、反省によっても捉えられない。しかし、そのつど能動的に何かに関わっているのはまぎれもなく私自身であることは、ことさら反省しなくても、私自身にそれとなく自覚されている。こうした仕方でしか自覚されることのない、自己触発という自分自身との関わり合いこそが、以下でそれぞれの事柄に即して探られるように、我々人間の微妙でありながらも、豊かで奥行のある生を育んでいるのである。

　というのも、自己触発は、自分自身にも明確には知られておらず、隠されているという意味で、潜在的であっても、内容の欠けている意識の機能ではないからである。それどころか、自分自身の在り方や意識や過去における自分の振る舞いなどをことさら意図して捉える際にも、自己触発は大きな役割をはたしているのである。すなわち自己触発は、反省によって自分を捉えることに伴なう何らかの想いや気分や感情に対して、反省している者に特有の微妙な綾を授けている。しかも、何がどのように反省されたり思いだされるかは、今現在反省している意識の在り方に依存している。というのは、何をどのように振り返って反省するかは、今現在の私によってある程度方向づけられているからである。今現在の意識は、こうした綾を介して、間接的に私に感知されているはずである。例えば、自分のかつての無様な振る舞を思いだすことによって、その当時よりも強く恥かしさの感情に襲われるといったことも、反省している今現在の意識が、反省作用によって自己触発されていることの証である。

　したがって、自己触発とは、自分自身との距離をもたない己自身の状態感とでも呼ばれるようなものでしかない。しかも、触発すると邦訳したドイツ語のaffizieren や、それに相当する欧米語は、激しい感情や情熱や興奮状態と訳される Affektion の動詞形であることから、自己触発とは、いわゆる気分や感情として捉えられる自己の状態感でもあることが間接的に窺われる[3]。

　それどころか、何らかの体験をしている自我が自己触発されている限り、何らかの対象についての経験を積み重ねることによって、「私にとって持続的に存在している」（Husserl, 1950, S.102, 250頁）世界を頼りにできるような、「私

の自我の習性」が受動的に創りあげられる（ebd., 同書, 251頁）、ということも生じる。というのは、自分のそのつどの能動的な活動によって自己触発されると、自己触発された私は、自己触発された自分の意識を保持しながら、次の活動を展開していくことができるからである。そして、こうした仕方で自分の活動が保持されることによって、私は私自身にとって固有の在り方を形成すると同時に、こうして形成された私にとっての世界も、私自身にとって信頼するに足りる世界へと展開していくからである。こうした仕方で自我の習性と世界が形成されていくということは、フッサールの言葉でいえば、例えば、論理的な判断を連続的に下すことにより、判断の過程や結果の私にとっての確からしさを可能にするところの、「常に沈黙し隠れてはいるが、しかし共に機能している妥当性の雰囲気」（Husserl, 1976, S.152, 210頁）が受動的に形成されていく、ということを意味している。すなわち、そのつどの能動的な判断などによって生じる妥当性の雰囲気が次の意識の対象や意識の作用に対して、沈黙し隠れた仕方で、つまり潜在的に何らかの根拠を与えているからこそ、我々は判断を連続的に展開できるのである。

　このことは、授業において典型的となるところの、集団で判断等を連続的に下している時に特に容易に生じやすい。

　例えば、小学校で学ぶことに慣れるにつれて、あるいは学年があがるにつれて、他の子どもと同じ発言をしないように、といった要求が教師からなされる。その結果子どもは、他の子どもたちによってすでになされた発言と同じような発言をしだいにしなくなる。それどころか、たとえ自分で発言しなくても、授業で問題となっていることについて、教師や他の子どもの発言によって多様な観点から、あるいはより豊かでより深くわかるようになると、子どもは十分に納得するようになる。これらのことからは、授業中の発言によって妥当性の雰囲気が子どもたちによって醸しだされるようになった、ということが導かれる。すなわち、何らかの判断を下すと、そのことが次の判断の妥当性のための根拠を形成することになる。例えば、A＝BとB＝Cということを判断すると、これら二つの判断を下したことが妥当性の雰囲気として、A＝Cという判断の確からしさの根拠を形成してくれることになる。それゆえこの場合には、A＝BとB＝Cという判断を能動的に下した意識が自分自身を自己触発してくれるこ

とによって、これら二つの判断を再度能動的に下すことなく、A＝Cという判断を下すための自我の習性が受動的に形成されることになるのである。

　あるいは一斉授業においては、誰にでも答えられそうな質問に対して子どもたちははさほど積極的に答えなくなる。このことは、授業では、より多様な観点を導くことのない、あるいはより豊かでより深くわかるようになることを導くことのない、それゆえ次の判断等への妥当性の雰囲気を醸しだすことができないような発言はさほど意味がない、ということを子どもがそれとなく感じるようになる、ということを示している。すなわち、それまでの授業の展開を体験することにより、自我の習性が形成され、そうした自我にとって何らかのより豊かでより深い解釈には至らない発言によっては、もはや妥当性の雰囲気をさらに形成できるような自己が触発されなくなってしまうのである。

　しかも、自我の自己触発と妥当性の雰囲気についてのフッサールによる以上の解明は、サルトルにおける意識の半透明性という対自的な意識の在り方によっては明らかにされることのない、いわゆる体験の重さや強さや濃密さに応じた私の意識の変化という事態を開示してくれる。すなわち、体験に伴なう自己触発の強さの程度に応じて、体験内容の私にとっての確からしさや影響力や逼迫度や私の心を引きつけたり遠ざけたりする時の度合いがそのつど異なってくる、ということが明らかになる。このことは、教育実践や臨床心理の現場においては、教師やカウンセラーの働きかけや他の子どもとの関係が、そのつどそれぞれの子どもにとっては全く異なった影響力をもって当の子どもに作用する、ということを明らかにしてくれる。また、自分が行なったある行為や自分が陥っている状況を自ら捉える時にも、それらを捉えている意識がどのような仕方でどの程度の強さで自己触発されているかに応じて、当の子どもの生や意識や存在のその子ども自身にとっての重さや逼迫度や濃密さが異なってくる、ということを明らかにしてくれる。

　それどころか、以上のことからも、絶対的な源泉であることによる自己の体験の他者への伝達不可能性にもかかわらず、いやむしろ伝達不可能性と表裏一体となっているところの、かけがえのない己の実存への個人的な深い想い入れを超えた、自分と他者との受動的で根源的な関係の可能性が明らかとなる。誰もが蒙るであろう、親の現実的な死や自分の死の可能性に面座することに伴な

う辛さや不安や孤独感にもまして、例えば、自分の子どものいわれもない死に
遭遇した両親や、まれにみる犯罪の被害者とその家族や加害者の家族。大災害
や戦争の被災者。強制収容所に隔離された者。余命を告げられた不治の病に苛
まれている患者。被虐待児や虐待を行なう親。自殺にまで追い込まれるほどの
いじめを蒙っている者。かつてハンセン氏病に罹患し家族のために自分の過去
を消そうとする者。重度の障碍を蒙っている子どもやそのことを初めて告げら
れた両親の体験等々は、その特異性と稀少性と耐え難さゆえに、誰にでも共通
に体験しうるものではない。それゆえ、それらの体験者は、同じ体験をした者
には語らなくてもわかってくれるし、そうでない人にはいくら言葉を尽くして
もわかってもらえないため、自らの体験を語ろうとはしなくなる（フランクル,
1961, 81頁参照）。

　たしかに、筆舌に尽くし難いこうした体験そのものは、それどころか、それ
ぞれがかけがえのない一個の実存である限り、どのような人間のどのような体
験でさえ、その唯一無比性ゆえに、他者には伝達不可能であるように思われる。
しかしそうであるからこそ、また同時に、自らの体験についての他者への語り
かけに際し、語っている者の意識が自分の語りかけによって自己触発されるの
と同じように、あるいは聞き手には体験できないためにより一層の重みを伴な
って、聞き手が語りかけそのものに聴き入る〔＝聴従する〕ことによって自己
触発されることもあろう。それゆえ、自己触発という受動的で受容的な意識の
次元では、辛さや悲しさややるせなさや憤りや孤独感や不安や絶望さえも共同
に感受されうるのではないだろうか。

　例えば上述したような者の著作を読みながら、読み手が、そこで記述されて
いる悲惨で過酷な状況や著者の内面的な葛藤や、それこそ実存の崩壊を想像し
たり、著者へと自己移入したりすることも、自ら体験したことのない生に不意
討ち的に出会うことを可能にしてくれるであろう。さらには、読み手が、こう
した読み方によって自己触発されている自分自身の意識をそれが展開するまま
に受動的に感受しながら甘受することにより、それまで保持されていた読み手
自身の妥当性の雰囲気が崩され、意識全体がその自己触発に浸されるという仕
方で、他者に生じているであろう自己触発に自ら身を委ねる、といったことも
生じうるのではないだろうか。

　そして、まさにこうしたことが生じている時には、己の辛さを語りだしたり記述している者の在り方だけではなく、それらを聞き入ったり読んだりしている者の生も、内面のかなり深い次元で豊かに触発されていることになるはずである。

　以上で明らかにしたように、自らは体験したことのないようなことを他者の語りかけや文章を介して内面の深い次元でいわば身をもって感受しているならば、感受している者にとっての他者は、まさに第3章第4節で明らかにされたところの、私の主導性に先んじて私の能動性を非力化したり、不意討ち的な仕方で私に出会われてくるような、私にとっての異他性をそなえた他者として私に体験されていることになる。そして、こうした異他性をそなえた他者の在り方こそが、従来の哲学としての現象学において捉えそこなわれていたのではないだろうか。

　そこで、次章では、異他性をそなえた他者の在り方を現象学に基づき明らかにしてきたところの、現象学的精神病理学における他者の捉え方とその成果を追うことにする。そのうえで、現象学的精神病理学における問題点の指摘とその解消の方向を示したい。

第5章　現象学的精神病理学からみた現象学

　現象学が哲学上のたんなる思弁に留まらず、従来は捉えられることのなかった深い次元で現実の人間の生や在り方を明らかにすることに寄与してきたのは、精神病理学の領域である。そこで、現象学に基づく精神病理学において、すなわち現象学的精神病理学において現象学がどのように捉えられ、それまでは了解不可能と思われてきた精神の病に苦しんでいる人間の生と彼らの世界を深い次元で理解する際に現象学的精神病理学がどのような寄与をもたらしたのかについて、またその際の問題点について本章で考察しておきたい。

　というのは、メルロ‐ポンティ以外の現象学の創始者は、精神の病に苦しんでいる人間についてはほとんど何も語っていないにもかかわらず、現象学的精神病理学が哲学としての現象学に基づき、現実の治療や臨床の場面でかなりの成果をあげてきたという歴史的事実からは、次のことが示されうるからである。すなわち、現象学は現実の一人ひとりの人間を深く豊かに捉えるための理論的基盤となりうる、ということが示されうるからである。しかし、現象学的精神病理学におけるこうした成果は、同時に、現実の人間を理解し研究することによって、哲学としての現象学に本来潜んでいる問題を、本章で探られるように、明らかにもしている。それゆえ、現象学的精神病理学について詳しく考察することは、現象学に基づきつつ現実的で具体的な人間を理解し研究するためには、避けて通れないことになる。

　そこで本章では、まず、哲学としての現象学が精神病理学の領域でどのように捉えられてきたかを考察する。そのうえで、現象学から新たに学ぶべきことを探り、現実の人間を深く理解するために現象学がはたしてきた役割と、その問題点の克服の方向を、現象学に基づく精神病理学の観点から、具体的に示したい。

　こうした課題を遂行するために、まず第1節では、現象学的人間学の創始者としてのビンスワンガーの功罪について考察する。第2節では、ビンスワン

ガーにおける現象学の捉え方について批判しているボスの見解と、ボスが目指
した現象学的精神病理学の内実について考察する。第3節では、ビンスワン
ガーやボスによって新たに創設された現象学的精神病理学の問題点を独自の仕
方で解消している木村敏によって先鋭化されたところの、哲学としての現象学
と経験科学における現象学との違いについて、木村も依拠しているブランケン
ブルクにもふれつつ、考察する。そのうえで、木村やブランケンブルクにおい
ても、精神科医は患者の生そのものを捉えることはできず、他者の生を自分自
身の生とすることは、第3章第6節で解明したように、観劇における観客同士
のあいだでの共同の受容作用において生じている、ということを再び取り挙げ
る。その結果、共同の受容作用においては、自分と他者にとって同一の世界の
なかの同一の事柄が体験されている、ということを新たに導く。第4節では、
他者と同一の世界を共有するためには、世界と関わっている際に他者が辿って
いる道筋を他者の身体的振る舞いを介して自分も辿ることが求められるという
ことを、メルロ‐ポンティに依拠しながら、明らかにする。第5節では、精神
医学においては、現実の臨床場面で対峙している医師と患者とのあいだで生じ
ている現実的で具体的であるため、個別的な事例に基づくことになるにもかか
わらず、こうした個別的な具体からその根底に潜んでいる普遍的な本質を捉え
ることが目指されなければならないことを、木村に依拠しつつ、解明する。最
後の第6節では、こうした普遍的な本質を解明するためには、哲学としての現
象学と現象学に基づく経験科学との循環関係を展開することが求められる、と
いうことを導く。

第1節　現象学的人間学の創始者としてのビンスワンガー

　精神病理学の領域において現象学を初めて本格的に理論的な導きとしたのは、
ビンスワンガーである。ビンスワンガーは、現象学を自分の理論に取り入れる
ことにより、哲学としての現象学を現実に生きられている人間についての学問
に、すなわち人間学に、ビンスワンガーの著作の言葉を使えば、「現象学的人
間学」にしたのである。
　その際にビンスワンガーが特に重視したのは、人間についての学問において

は、自然科学の方法論に囚われることなく、見たり聞いたり触れたりといった、我々人間の知覚作用そのものから出発する、ということである。すなわち、例えば生理学的心理学がよくやるように、人間の知覚作用を、自然科学においてそうみなされているような「現にそこに存在している……物体や自然の出来事」と同様の、神経組織内や身体物体内における物質的な諸過程とみなしてはならない（Binswanger, 1947, S.21, 22頁）、ということである。

　そのうえでビンスワンガーは、「私は知覚することによって客体あるいは対象へと方向づけられている」とか、「私は、知覚しながら、対象へと関係づけられている」（a.a.O., S.26, 同書, 30頁）、という。こうしたことからすると、現実の人間について研究するためには、我々自身の知覚において生起している事実を出発点としなければならない、ということになる。知覚作用を含め、己自身の意識が何らかの客体や対象へと向かってそれと関わっているという意識の在り方は、本書でも以後様々な観点から詳しく探ることになるが、意識の志向性という現象学の次のような根本テーゼから導かれる。

　意識はそれ自体として存在しているのではなく、意識とは常に何ものかについての意識であるという、意識の志向性が現象学の根本テーゼとなるのは、意識の志向性の最も基本的な在り方であるところの、我々の知覚作用が次のような特質をそなえているからである。すなわち、ビンスワンガーも指摘しているように、「知覚においては志向的対象〔＝意識がそれへと向かいそれと関わっているもの〕が、いっきょにありありと、直接的あるいは無媒介的に、覆い包まれることなく、あるいは覆い隠されることなく、精神的に捉えられる」（a.a.O., S.27, 同書, 31頁）からである。例えば、我々は、自分の眼で見たり耳で聞いたり肌で触れたものは、実際にありありと現にそこに在るものとして直接的に捉えることができる。

　こうしたことから、ビンスワンガーは、知覚における志向性についての解明の方法を、意識の志向性の解明を目指して現象学を展開したフッサール現象学に求めている。

　たしかに、例えばCTスキャンなどといった最近の工学的な医療機器は、我々自身によっては直接捉えられえないところの、人間の身体内で生じている出来事を捉えることを可能にしてくれる。しかし、こうして捉えられる出来事

は、どこか現実感が希薄で、自分の身をもって体験しているという感覚が伴なわれないことが多い。それにもかかわらず、こうした仕方で捉えられるものが、いわゆる自然科学の領域における出来事であれば、そこから多くのことを引きだすことが可能となる。こうしたことから、まさに自然科学に基づく研究と技術が現実の人間の捉え方に対して飛躍的な発展を生みだしたことは、否定できないであろう。

　しかし、ここで考慮すべきことは、ビンスワンガーも指摘しているように、自然科学に基づく研究方法によっては現実の人間の当の人間にとっての意識の在り方が捉えそこなわれてしまう、ということである。例えば、脳波やCTスキャン等の画像を介することによってたとえ脳内や身体内のかなり微細な生理学的な過程が示されても、そうした生理学的な過程自体が当の人間の意識において生じているわけではない。ましてや、それらの結果が当人に示されたとしても、それらによって示されていることは、ビンスワンガーも指摘しているように、覆い隠されることなく精神的にいっきょに直接捉えられているわけではない。

　他方、自分の眼や耳や肌等で知覚されている出来事は、覆い隠されることなく精神的にいっきょに直接自分自身に捉えられている。そして、こうした仕方で何らかの出来事へと向かってそれらに関係づけられているということが、何ものかに向かってそれと関係づけられている意識の志向性の在り方となっている。そして、こうした在り方をしている人間について研究するためには、特にいわゆる心といった人間の内面を研究するためには、自然科学とは異なる方法がとられなければならない、ということをビンスワンガーは強調しているのである。

　知覚において典型的となる意識のこうした志向性を根本テーゼとすることにより、現象学的精神病理学は、心の病に苦しんでいる人間がしばしば体験するいわゆる幻覚や幻聴といった出来事も、そうした人間によって本当に体験されている事態とみなすことから、その人間の意識の在り方に迫ろうとする。

　例えば、第4章第1節の2で取り挙げたヴァン・デン・ベルクの患者は、次のようにいう。

　「家なみは道路の方へ傾いていて、両側の屋根の間に見える空は、自分が歩

いている道路よりも狭いのだった。広場に出れば、実際の広場をはるかにしの
ぐ広さに圧倒されてしまった」（ヴァン・デン・ベルク, 1976, 7 頁）、と。患者
の語っているこうしたことを現実に対する患者の知覚についての言葉とみなす
ことにより、ヴァン・デン・ベルクは、次のように述べている。「自分の見る
ものによって、どんなに脅かされているかを知れば知るほど、患者の語ること
が彼自身にとっては現実なのだ……それが空想や妄想でないことは明らかであ
る」（同書, 8 頁）、と。

　ヴァン・デン・ベルクのこの言葉は、知覚を介して、身をもって関わらされ
ている家なみや空や広場という対象が、覆い包まれることなく精神的にいっき
ょに患者自身に直接捉えられている、ということを示している。すなわち、対
象への患者のこうした意識の志向性そのものを示しているのである。

　しかも、この例からも明らかになるのは、人間の知覚から出発することは、
ビンスワンガーのいうように、現実に生きられている人間の「意識のうちに実
際にみいだされうるものに限って分析を行なうこと」（Binswanger, 1947, S.25,
29頁）につながるだけではない。さらには、例えば「空しさ、広さ、稀薄さ、
心細さの底知れぬ切実感」（ヴァン・デン・ベルク, 1976, 7 頁）に襲われてい
る患者にとっての当人の意識の在り方自体さえもが明らかになる。そして、工
学的な機器などを使った医学・生理学的な検査や測定等によって得られる情報
から抜け落ちてしまうのは、こうした仕方で当人にとって切実に捉えられてい
る現実の意識の在り方なのである。

　以上で考察したように、ビンスワンガーによって端緒を切り拓かれた現象学
的精神病理学における意識の志向性という現象学の根本テーゼに基づくことよ
り、現実に生きられている人間の意識の在り方自体を直接ありありと捉える可
能性が開かれたことになる。このことは同時に、哲学としての現象学は、他の
哲学とは異なり、現実の人間の意識において現に生じていることのその人間自
身にとっての在り方を捉えるための方法ともなりうる、ということを明らかに
していることにもなる。ビンスワンガー自身も、意識の志向性についてのフッ
サール現象学を取り入れることによって、「意識の自然科学的な物体化や分解
とは比較にならないほど徹底した仕方で〔人間の〕意識を解き明かす」
（Binswanger, 1947, S.28, 32頁）ことが可能になる、と述べている。

　現象学に基づき、現実の人間の意識において現に生じていることのその人間自身にとっての在り方を捉えることの意義は、ビンスワンガーがハイデガーの現存在分析論における人間の捉え方をも取り入れることによって、さらに明確にされている。

　というのは、ハイデガーの主著である『存在と時間』で明らかにされているように、現実に生きられている一人ひとりの人間は、その人間の存在において、自分自身の在り方を含めたすべての出来事がその人間にとって現に現われてくるような場（Da）でもあるからである。それゆえハイデガーは、すべての出来事が現われるままに現われてくるような、すなわち開示されるような場として存在しているという観点から捉えられる一人ひとりの人間の存在を現存在（Dasein）と呼んでいる。それゆえ、現存在とは、一人ひとりの人間の存在において、すべてのものやことがそのつど開示されているという人間の在り方を際立たせるためのハイデガーの術語であることになる。

　すると、現存在分析論とは、一人ひとりの人間にとってすべての出来事がそのつどどのように現われているかを解明するための方法論でもあることになる。しかも、現存在分析論は、フッサールにおける意識の志向性の解明とは異なる観点から、一人ひとりのそのつどの人間の在り方を明らかにしている。というのは、ハイデガーよれば、フッサールにおける意識の志向性という根本テーゼとは異なり、現存在は、そのつどの自分がそなえている可能性を携えながら、自分にとって慣れ親しまれている世界へと投げ込まれている、とされているからである。そしてハイデガーは、こうした仕方で己の世界へと投げ込まれているという観点から捉えられる現存在の在り方を、世界内存在ともいいかえている[1]）。

　ハイデガーにおける現存在としての個々の人間の捉え方に基づき、ビンスワンガーは、「精神の病においては、世界内存在の……根本的構造の、ないしは本質構造の変化が浮かびあがってくる」（a.a.O., S.194, 同書, 262頁以下）、という。さらには、「精神の病を患っている者は、我々とは“別の世界を生きている”」（a.a.O., S.217, 同書, 290頁、“　”は本文のママ、以下同様）、ともいう。そのうえでビンスワンガーは、現象学的精神病理学は、我々と精神病者とのあいだで生じている「相互理解の障碍や困難さに眼を向けなければならない」（ebd.,

同所）、という結論を導きだしている。

　以上で考察したように、ビンスワンガーは、フッサールやハイデガーの現象学に依拠することによって、現に生きられている人間の在り方の根拠を明らかにし、精神の病に苦しんでいる人間に対する新たな理論を提起した。こうしてビンスワンガーは、自然科学とは異なる観点から、つまり当の人間の意識や世界内に投げ込まれている際の在り方から現実の一人ひとりの人間を捉え直すための道を切り拓いてくれたのである。

　しかもその際ビンスワンガーは、フッサールやハイデガーの現象学に依拠しながらも、哲学としての現象学と、ビンスワンガーの言葉を使えば「純粋現象学」と、現実に生きられている人間についての「経験科学、ないしは事実の学」としての「精神病理学」とを区別している（vgl., a.a.O., S.33, 同書, 39頁参照）、ということが見逃されてはならない。すなわち、前者においては、「絶対的一般性における純粋な本質」（ebd., 同所）を明らかにすることが目指されている。他方、経験科学としての「精神病理学は、……こうした絶対的な一般性についての直感に至ることを意図してはいない」（ebd., 同所）、とされている。しかしビンスワンガーは、「現象学者は、精神病理学者の記述的な分類や、例えば概念といったようなことを必要としている」（a.a.O., S.34, 同書, 40頁）とし、哲学としての純粋現象学も、経験科学としての精神病理学の知見に頼るべきだ、ともしているのである。

　ビンスワンガーが、経験科学の観点から純粋現象学に対して、すなわち哲学としての現象学に対してこうした要求をしているのは、事実の学としての「精神病理学の基礎をなすのは、主として他者知覚、つまり〔精神病理学者である自分とは〕異なる他者〔＝病者〕の自我についての知覚であって、自分自身の自我についての知覚はそれとは比べものにならぬほど稀にしか〔問題と〕ならないのである」（ebd., 同所）、とされているからである。そして、こうした違いからは、現に生きられている一人ひとりの人間の在り方を捉え、理解するためには、哲学としての現象学のたんなる応用に留まらず、独自の課題と方法が現象学に基づく人間研究に求められている、ということが導かれるはずである。

　以上のことから、ビンスワンガー自身は、事実の学として「心理学的な態度を取る」（a.a.O., S.29, 同書, 34頁）現象学と哲学としての純粋現象学とを区別し、

次のようにいう。すなわち、前者において問題になるのは、「個々人に属する個別的な事柄、個別的な作用あるいは個別的な過程」（ebd., 同所）である、としている。他方後者においては、「個別的なものから一般的なものへ、一般的な本質へと歩み入る」ことが問題となる（ebd., 同所）、としている。というのは、そもそもフッサール現象学においては、例えば意識の志向性の解明において典型的となるように、個々の場合に生起している意識の志向性ではなく、それを出発点としながらも、すべての志向性に共通する一般的な本質が明らかにされなければならないからである。ビンスワンガーは、フッサールにおいては、こうした本質を明らかにする方法が「範疇的直観ないしは本質視」（a.a.O., S.21, 同書, 22頁）である、とされており、こうした直感が純粋現象学において中心的な役割をはたしている、とみなしている[2]。

　こうした範疇的直観の典型例として、ビンスワンガーは、例えば次のような例を挙げている。すなわち、「ファン・ゴッホが、風にはげしく打たれている木や麦畑を描いた時、彼はその木のなかにしかじかの性質をもった木を見ていたのではなく」、「風と戦っている木と人間の運命（ドラマ）との両者のなかに同じ現象を見ていた」とか、「若い麦と眠っている子どもとの両者のなかに同じ（清らかさと柔和さという）現象を見ている」（a.a.O., S.15, 同書, 15頁, （　）は原文のママ）、とされている。すなわちこれらの例では、木と人間の運命や清らかさと柔和さといった感性的には捉えられないことが、それらの本質として範疇的直観によって捉えられている、とされている。また、精神病理学に関しては、次のようにもいわれている。「ドストエフスキーは、……初期精神病について描いたが、〔そこで描かれている〕精神病は、臨床的にはこのような形では決して生じえない」にもかかわらず、「彼がそこでみていたものや表現にもたらしたものは、……精神医学の文献のなかにはどこにもこれほどの的確さをもって再現されていないにもかかわらず、それらと同様まさに印象深く述べられている」（a.a.O., S.16, 同所）、ともされている。

　こうしたことを記述したうえでビンスワンガーは、精神の病を患っている者についての印象深い捉え方はフッサールにおける「範疇的直観」により可能となる（a.a.O., S.17, 同書, 17頁）、としている。そしてビンスワンガーによって、こうした範疇的直観は、現実の身体によって見たり聞いたりするという「感性

的知覚に対立するような超感性的知覚〔＝感性的知覚を超えた知覚〕」(ebd.,
同所）である、とされているのである。

　以上のことからビンスワンガーは、たとえ範疇的直観が感性的知覚を超えて
いるとしても、「この種の作用〔＝範疇的直観〕と感性的知覚とに共通してい
るのは、両者においては何らかのものが《実際に》直接、あるいはそれ自身と
して与えられている、ということである」(ebd., 同所、《　》は原文のママ、
以下同様）、としている。

　しかし、ビンスワンガーにおいては範疇的直観により捉えられているとされ
ているのは、フッサール自身の言葉でいえば範疇的対象であることになる。フ
ッサールにおける範疇的対象とは、例えば○○は××であるといった「文章で
もって判断する行為の結果」(Husserl, 1972, S.285, 226頁）によって捉えられ
る対象のことである。それゆえ、「範疇的対象」は、「言葉で述べるような判断
から発した対象」であるため、「論理的形成物」(a.a.O., S.233, 同書, 185頁）で
しかない。それゆえフッサールによる言葉の使い方に忠実であるならば、ビン
スワンガーの解釈とは異なり、範疇的直観によって捉えられるものは、直接、
あるいはそれ自体として与えられることはないのである。

　ビンスワンガーにおける現象学のこうした誤用は、範疇的直観に限らず、次
節で考察することになるボスも指摘しているように、現象学を簡略化したこと
と相まって、精神病者の在り方についての彼の考察の不十分さにも通じている。

　そこで、次に、ボスによるビンスワンガー批判について取り挙げることによ
り、現象学に基づく人間研究のための方向を探ると共に、ボス自身における問
題点を明らかにしたい。

第 2 節　ボスによるビンスワンガー批判

　ビンスワンガーが、フッサール現象学を正しく理解することなく精神病理学
の領域に応用することによって、彼の現象学的人間学を築いてしまったことを
指摘しているボスは、次のような方途を辿りながら、ビンスワンガーの功績を
認めたうえで、その問題点を指摘している。

　ボスは、「少なくとも、ハイデガーの現存在分析論に対する暫定的で予備的

な端緒をすでに当時において切り拓き、〔それを現実の人間の在り方を捉えるために〕応用可能なものにすることに成功したビンスワンガーの功績は、十分に驚くほどである」（Boss, 1957, S.88f., 98頁）と、まずはビンスワンガーの功績を讃えている。というのは、ハイデガー自身による現存在分析論は、ビンスワンガーやボスなどにとって主要な関心事である精神病理学に関することについては一切語っておらず、ハイデガーによって現存在と呼ばれている一人ひとりの人間のそのつどの現実的な在り方を解明しているだけだからである。それゆえ、ビンスワンガーが現存在分析論を事実の学としての精神病理学に応用したこと自体、まさに画期的なことだったからである。

　このようにしてボスは、ビンスワンガーの功績を最大限の言葉でもって認めながらも、第1節で引用したところの、精神病においては世界内存在の本質構造の変化が浮かびあがる、というビンスワンガーの結論を徹底的に批判する。というのも、ボスによれば、精神病者も、「ハイデガーによって提起されたところの、……世界内存在という人間の本質をそもそも失いえない」（a.a.O., S.113, 同書, 119頁）からである。

　ボスが、精神病者の在り方に関し、ビンスワンガーとはまったく正反対のこうした結論に至ったのは、すべての出来事がその人間に現われてくる場（Da）として存在しているということが精神病者の場合にも当てはまる、とみなしているからである。このことをハイデガーの術語に即して記述しているボスの言葉でいえば、次のようになる。すなわち、どのような人間も、すべてのことがあるがままに現われてくる場として、それゆえそこにおいて現われてくるものに光を当てるために「不可欠な明るみの場（Lichtung）」（a.a.O., S.59, 同書, 64頁）として存在している、と。そしてこのことこそが、ハイデガーの現存在分析論の核心である、とボスはみなしている。それゆえ、病者の在り方は、すべての出来事が開示されてくるために光に照らされうるような場とはなっていない、としているビンスワンガーはハイデガーの現存在分析論を誤解している、とボスは指摘しているのである。

　ボスは、ハイデガーの現存在分析論におけるこうした核心を導きだすために、ハイデガーの主著である『存在と時間』だけではなく、ビンスワンガーによっては取り挙げられていない、『存在と時間』以後のハイデガーの著作をも詳細

に検討している。その結果ボスは、ハイデガーによって思索されている現存在としての一人ひとりの人間とは、「世界を開示しながら〔すべてのものの存在を〕明けひらく（lichtend）」（a.a.O., S.60, 同書, 64頁）場のことである、としている[3]。そのうえでボスは、「現存在分析〔論〕という観点からすると、鬱病者も統合失調症者も、それどころか健康な者も、存在の明るみの領域として同じ《世界》にいつもすでに属している」（a.a.O., S.113f., 同書, 119頁）、ということを導きだしている。

　以上のことからボスは、「たとえ統合失調症に特有の仕方で自分を失っている者や、破滅的な力に引き渡されてしまっている者にとってさえも、人間的にすぐれた医師と出会うことによって、……しだいに自分の現存在を明確に把握し、改めて自分自身として、しかも他の人間と同じ仕方で、実存できるようになる可能性を根本的に与えられている」（a.a.O., S.134, 同書, 139頁）、という。しかも、そのためには、「こうした医師に出会われてくるすべての者〔＝患者〕への畏敬の念を身をもって〔医師自身に〕経験させる」ほどに、「現存在分析論に基づく人間理解」に「忠実に従う」ことが必要になる（a.a.O., S.131, 同書, 136頁）、とされているのである。

　しかし、ハイデガーの現存在分析論にこのように忠実に従うためには、それを精神病理学に応用するために簡略化したり、ましてや応用するために何らかの変更をそれに加えることは許されなくなる。それゆえボスは、上述したように、ハイデガーの著作を哲学者と同様の厳密さをもって解釈しようと試みている。その結果、ビンスワンガーにおいては、ハイデガーの現存在分析論が「いく分簡略に捉えられすぎている」（a.a.O., S.97, 同書, 105頁）ため、ビンスワンガーの現存在分析論はハイデガーのそれを精神病理学にとって「応用しやすく」したにすぎない（a.a.O., S.90, 同書, 99頁）、とボスは批判しているのである。

　しかし、簡略化されていないとされているハイデガー哲学についてのボス自身による解釈も、今日の時点で見直すと、かなり簡略化されたものでしかない。こうしたことから、ビンスワンガーやボスらは、哲学としての現象学を精神病理学の領域に導入した、いわば第一世代に属していることになろう。

　こうした第一世代の功績を引き受けて、ブランケンブルクや木村らのいわゆる第二世代は、精神病理学が具体的な個々の人間に関わることから、精神病理

学の側から現象学を改めて捉え直すことを試みている。それゆえ次節では、この二人によって拓かれた精神病理学という事実の学からみた、すなわち経験科学の観点からみた哲学としての現象学の捉え方について考察したい。

第3節　木村敏における現象学的精神病理学

　哲学としての現象学は、哲学一般がそうであるように、現象学という哲学を思索している人間自身のなかで生じていることを、通常は隠されている次元にまで深く沈潜することによって、明るみにもたらそうとする。例えば他者経験に関する現象学は、現象学を遂行している現象学者自身がどのように他者を経験しているのかを思索している。

　他方、精神病理学のように現実の人間の在り方を解明しようとする研究は、研究者や精神病理学者にとっての患者という他者が、研究者や精神病理学者を含めた他の人間をどのように経験しているかを解明しようとする。それゆえ、本章第1節で引用したように、ビンスワンガーも、事実の学としての精神病理学の基礎をなすのは、精神病理学者にとって他者である病者の自我についての知覚であるとし、自分の自我については稀にしか問題とされない、と述べているのであった。

　さらにまたボスも、現存在分析論に忠実に従うためには、医師に出会われてくるすべての者への畏敬が必要であるとして、ビンスワンガーと同様、人間理解に際して、病者である他者の在り方へと観点を移す必要性を説いているのであった。

　現象学的精神病理学における彼らのようないわゆる第一世代で説かれているところの、哲学としての現象学と他者についての経験科学としての現象学的精神病理学とのこうした違いを引き継ぐことによって、第二世代に属する木村は、次のように、より明確にこの違いを記述している。

　すなわち木村は、「精神医学的現象学は、……病者のうちにある……『精神病』なる事柄それ自体にかかわるべき」（木村, 1981, 182頁）、としている。そのうえで木村は、「哲学……としての現象学」で「問われているのが第一次的には問うその人自身の……問題」（同書, 175頁）であるのに対し、精神医学では、

「問いの生じる場所と問われるものの生起する場所とがたがいに別々の人に属
しているという、いかんともしがたい深淵が口を開いて」（同書, 178頁）いる、
という。すなわち木村によれば、何らかの問いを立てる者は自分には生じるこ
とのない他者の在り方を問わなければならない、ということに精神医学に特有
の困難さがある、とされているのである。

　しかも木村は、ビンスワンガーやボスよりも明確に、哲学としての現象学と
経験科学としての現象学的精神病理学の課題を峻別しているだけではない。さ
らには、ビンスワンガーやボスが問題としなかった、問う者と問われる者との
あいだにある深淵を埋め、それをのり超えるためには、すでに第3章第5節で
引用したように、診察者が病者とのあいだを相互主観的に共有しなければなら
ない、と主張しているのである。というのは、その時にのみ、我々は、病者と
自分自身との関わりに基づいて、彼らの他者経験を解明できるようになるから
である。

　すると、現象学的精神病理学の第一世代としてのビンスワンガーやボスの試
みを超えて、木村においては、他者についての私の経験の解明ではなく、従来
の哲学としての現象学においては明確には問題とされなかったところの、私に
とっては他者である人間が彼にとっての他人をいかにして体験しているかが精
神病理学の重要な課題とされることになる。すなわち、自分にとっては他の人
間の他者経験が問題とされることになるのである。精神病理学に即していえば、
精神病理学者や医師にとっては他者であるところの患者にとっての他者経験の
解明を、すなわち患者にとっては他人であるところの医師や患者の家族などと
のあいだで営まれているところの、患者にとっての他者経験の解明を課題とす
るための道が現象学的精神病理学によって拓かれたことになる。

　以上のような観点から、哲学としての現象学と経験科学としての現象学的精
神病理学とのあいだの深淵を架橋しようとして木村が新たに拓いたのは、医師
や診察者と病者とのあいだで生じていることを両者がどのように共有している
かを探るための方途である。木村によって、研究の出発点であり、研究課題と
なったのは、哲学として現象学を遂行している現象学者である自分の他者経験
ではなく、自分と他者とのあいだで生じている他者関係の解明である。

　そしてまさにこのことによって、第3章第5節で詳しく考察したように、木

村は、自分自身を解明の課題から外すことなく、しかも同時に、患者をも含めた他者とその他者を捉えようとしている者に共有されているあいだを解明の課題とすることになるのである。

　木村によって新たに切り拓かれた経験科学としての精神病理学における以上のような方途は、やはり第3章第5節で探ったように、ブランケンブルクにおいてもみられるのであった。すなわち、ブランケンブルクは、診察者と病者とのあいだで生じている他者関係においては、病者自身によって体験されている疎外感と診察者によって体験されている違和感とが相互に対峙し合っていると同時に、しかも相互に依存し合っていることを導きだしたのであった。

　それゆえ、これら両者の体験を捉えることは、一方が他方に対してどのような作用を及ぼしているかを、すなわち両者の相互関係を捉えることではない。そうではなく、これら両者の体験が相互に依存し合っている以上、一方の体験は他方の体験を含み合っているため、両者の体験は、木村の言葉でいえば、二人の人間のあいだで共有されているところの、両者のあいだで生じている一つの出来事のいわば表と裏の関係を成していることになる。

　しかし、第3章第5節で述べたように、医師がたとえ病者とあいだを共有したとしても、現象学的精神病理学が記述し解明している病者の生そのものが医師自身によって生きられているわけではないのであった。それゆえ木村も、我々が病者の内面を捉えたとしても、それは精神病理学者の内面の表現に他ならない、としているのであった。それゆえ、木村やブランケンブルクが提起したことだけをもってしては、他者の生と世界をその本源性において捉えたことにはならない。そのため、第3章第6節で導きだしたように、ヴァルデンフェルスがいうところの、他者との共同の受容作用という在り方が求められるのであった。

　しかし、このことに加えてさらに考慮すべきことは、他者との共同の受容作用が典型的に生じる場合として取り挙げた観劇の場合がまさにそうであるように、私と他者は、精神病理学において問題とされる二人の人間が相互に対峙し合っているような直接的な関係を生きているだけではない、ということである。観劇における多くの他者と私は、お互いに面と向かって直接作用を及ぼし合うことなく、そこで演じられていることに惹きつけられている。それゆえ共同の

受容作用が生じている時には、ヴァルデンフェルスのいうように、他者と私は
お互いに相並んでいるため、私にとっての他者は、私が志向的対象として意識
を向けている対象ではなく、私と共にそこで演じられている出来事に意識を向
けているのであった。そのため観劇における他者は、こうした意識の志向性を
共有しながら私と一体化されて演劇に魅せられているという仕方で、私に潜在
的に慣れ親しまれている。すなわち、両者が相並んで体験しているのは、「同
一の世界のなか」の「同一のもの」（Waldenfels, 1971, S.152, 139頁）となって
いる。それゆえこうした時には、第3章第6節でヴァルデンフェルスと共に明
らかにしたように、私と他者とのあいだには一体化が成り立っているのであっ
た。他方、木村やブランケンブルクによって解明されているところの、自分と
患者である他者によって共有されているあいだにおいては、第3章第5節で考
察したように、両者の経験は、たとえ相互に依存し合ってはいても、一体化さ
れてはいないのである。

　以上のことからすると、木村やブランケンブルクによって新たに切り拓かれ
た自分と他者とのあいだで生じている事態としての他者関係の解明のための方
途は、両者によって共に生きられている世界についての解明には至っていない
だけではない、ということになる。さらには、他者の在り方を本源的に捉える
ために求められるところの、自分と他者との一体化についても解明されていな
いことになる。というのは、自分の在り方だけに基づくことなく、他者の在り
方そのものに即して他者を本源的に捉えるためには、自分も他者と同じ在り方
となるという仕方で、自分と他者とのあいだで一体化が生じていなければなら
ないからである。

　すると、さらに解明されるべきことは、自分と他者とのあいだで同一の世界
が共有されている場合に成立している一体化においては、両者はいかなる仕方
で世界と関わっているのか、ということである。

　そこで次節では、木村やブランケンブルクにおいては解明されることのなか
った、二人の人間によって共有されている世界との関わり、という観点を中心
におくことにしたい。というのは、観劇の場合に限らず、そもそも二人の人間
が対峙し合いながら対話を交わしている時には、ヴァルデンフェルスのいうよ
うに、「事柄〔との〕関係」という、世界内の対象や出来事や事態といった何

らかの事柄がその対話において問題となっているからである（vgl., a.a.O., S.134, 同書, 127頁参照）。

　たしかに木村やブランケンブルクも、患者の世界について考察している。しかし、彼らには、他者関係においていかにして事柄との関係が機能しているかが捉えられていない。そのため彼らの場合には、二人の人間のあいだで生じていることに焦点を当てている対話哲学一般に対してと同様、いわゆる世界喪失性という問題が残されている。そのため、患者にとっての他者関係と世界内の事柄との密接な関係は、切り離されたままである。

　以上のことから次節では、メルロ゠ポンティと共に、他者関係における事柄との関係について、つまり二人の人間が対峙している時の両者にとっての世界との関わりについて解明する。

第4節　他者の道筋を自分の道筋にすること

　メルロ゠ポンティのいうように、二人の人間がお互いに向き合っている時に、すなわち対峙している時に私が知覚している他者の身体的な「振る舞いは、私にとっては、一つの問いかけのようなものであり、〔その他者が〕世界を感性的に捉えるためのある視点を指し示し、それらの視点と一体となるようにと、私を促す」（Merleau-Ponty, 1945, p.216, 304頁）、といったことがしばしば生じる。すなわち、私が見ている他者の身体的な振る舞いは、その他者が私とは異なる仕方で世界と関わっているのではないか、といった想いを私に抱かせる時がある。こうした時には、他者による世界との関わり方を自分にも取り入れることによって他者と一体になろうとする、ということが生じることになる。するとこの時には、第3章第6節でヴァルデンフェルスと共に探ったところの、他者との受動的な共同の受容作用と同様のことが、他者と一体になろうとする私の能動性によって生みだされていることになる。しかもこの時には、その人なりの仕方で世界と関わっている他者の視点を自分にも取り入れようとしているため、私は身をもって他者の立場に立つ、ということをしていることになる。このことは、メルロ゠ポンティの言葉でいえば、「世界を捉えている他者の道筋のなかに私自身の道筋を発見する」（ibid., 同所）、ということになる。それ

ゆえメルロ-ポンティは、こうした時にこそ、私と他者とのあいだで生き生きとした「コミュニケーションが実現される」(ibid., 同所)、というのであろう。

　以上のことからすると、ここにおいても、本書で解明の課題としているところの、他者を豊かに深く理解するためには、当の他者の体験等を自ら体験しなければならない、ということが明らかになる。しかも、他者の体験に身を委ねることにより他者の在り方を他者と共有することは、観劇の場合とは異なり、自らの意志で能動的に達成できる。ということは、こうしたことは、その気になれば、誰にとってもいつでもどこでも可能になるはずである。

　他方で、こうした可能性を自ら実現することなく、他者の振る舞いや言動をいわゆる第三者の立場から観察するだけで、その他者について何らかの解釈や判断をしたり、それらを診断のために利用することによっては、当の他者に寄り添うことができないだけではない。さらには、他者へのこうした対応は、ブランケンブルクや木村がいうところの他者とのあいだを自ら生きることもなければ、ヴァルデンフェルスやメルロ-ポンティがいうところの他者との共同の在り方を自ら生きることもないがゆえに、まさにボスが重視したところの、他者への畏敬の念を伴なわないものでしかないのである。

　他方、メルロ-ポンティのいうように、患者と医師でさえも、両者が現実の世界内で直接関係し合っている限り、病気の「回復と同様、その治療にしても、客観的ないしは定立的〔＝何かを見定める〕意識の水準でなされることではなく、その下でなされること」(ibid., p.190-p.191, 同書, 270頁) が大きな役割をはたしているはずである。すなわち、治療や回復が患者と医師とのあいだでなされる現実の関係のなかで行なわれる限り、例えば、患者の何気ない振る舞いは心を病んでいる患者にとって独特の世界を指し示しているはずである。そうである以上、医師もまた、患者のこうした指し示しと一体となって、患者の辿る道筋を共に辿ることが求められることになる。そして、病気の回復と治療のためには、患者の方もまた、治療のために医師が辿る道筋を、医師への信頼を頼りに、自分でも辿らなければならなくなる。こうした仕方で患者の辿る道筋を医師も辿ることは、そうすることなく第三者の立場からという意味で客観的、ないしは定立的意識の水準でなされることではない。

　しかしだからといって、臨床心理学の領域で典型的になされているような、

臨床報告として、現実の臨床場面で生じていることやその経過を詳しく記述するだけに留まるならば、木村やブランケンブルクが切り拓いたところの、診察者と患者といった二人の人間のあいだで生じていることに迫ることはできない。

　おそらくこうした事態を想定したうえであろうが、木村は、たんなる事例報告を超えて、それが人間に関わる学問となるために暗黙のうちに前提とされている、学問における普遍性を問題としている。そこで次節では、経験科学としての精神病理学において出発点とされているところの、現実的で具体的であるため個別的な患者の在り方からいかにして学問に求められる普遍性が得られるようになるかを、木村と共に探ることにする。

第5節　個別における普遍的な本質

　木村自身は、診察者と患者といった二人の人間のあいだで生じていることについての考察が学問と、つまり現象学に基づく経験科学となるためには、次のようなことが求められる、としている。

　すなわち、木村は、精神病理学における現実的で具体的な事例に基づきながらも、こうした個別的な事例という「具体の底に一般を見、一般が個別を含むのではなくて逆に個別が一般を含むがごとき立場」（木村, 1975, 115頁）の必要性を主張する。というのは、例えばたんなる臨床報告において典型的となるように、個別的な事例の記述に留まるだけならば、一般化可能という意味での学問にならないだけではないからである。さらには、個別事例についてのそうした記述だけでは、我々は統合失調症の「本態についてなにひとつ確実な知識を有しない」（同書, 117頁）からでもある。そこで木村は、個別が一般を含む立場をとった先駆者としてビンスワンガーを挙げている（同書, 115頁参照）。

　しかし同時に木村は、個別から一般を導くためにビンスワンガーの取った方法がフッサールにおける「本質直感〔＝本質視〕に類するものであった」（同所）ことを批判している。というのは、本章第1節でビンスワンガーの功罪について考察した際にも述べたように、彼によるフッサールの本質視についての捉え方には誤りがあるからであった。

　木村も、ビンスワンガーにおけるこうした誤りを指摘し、「ビンスワンガー

にあっては、具体的個別者と一般概念としての」統合失調症との「関連が外面的偶然的なものにとどまり、真に内在的必然的なものに達しなかった」（同書、116頁）、と批判している。すなわち、人間のあいだで生じていることに現象学に基づいて迫るためには、たんなる個別的な事例報告に留まることなく、こうした個別を出発点としながらも、その個別を通して、どのような人間にも共通するような一般的なことに迫らなければならないはずである。こうしたことから、木村は、先に引用したように、通常の学問観に反して、個別が一般を含むがごとき立場を主張し、「具体的個別者……について深く反省してみる時、その底に普遍的一般者……が見出される」（同書、119頁）、というのであろう。

　しかし、木村において個別と対極に位置づけられ、個別の底にみいだされるとされている一般と普遍という二つの類似語には、次のような曖昧さが潜んでいる。

　先に引用したように、木村は「一般」と「個別」という言葉を対にしたり、「具体の底に一般を見る」（同書、116頁および119頁）とか、「普遍的一般者」（同書、119頁）という言葉を使っている。たしかに、日本語においてもドイツ語においても一般的（allgemein）と普遍的（universal）という言葉は、ほぼ類似語として使われている。しかし、フッサールにおいては、一般的とは、個別的なものに共通するものを抽象することによって捉えられるような「理念的同一性」にそなわる特性を意味している（Husserl, 1972, S.390, 312頁）。統合失調症の場合でいえば、「ビンスワンガーによって取出された」、例えば「『自然な一貫性の喪失』」や「『現実からの退却』」といった「抽象的理念的」な言葉によって統合失調症について語ることは、木村自身によって否定されている（木村, 1975, 116頁）。しかし、上述したように、フッサールにおいては、こうした言葉こそが一般的、とされているのである。

　他方、普遍的の語源であるラテン語の universus は、「一つへと向けられている」とか、「一つの統一へと集約されて」ということを意味していた。またフッサールにおいては、例えば、特殊な出来事や事柄の「すべてを貫いている」事柄の特質を示す場合に使われている（vgl., Husserl, 1950, S.67, 209頁参照）。

　以上のことからすると、一般性とは、個々の個別における偶然的な差異を捨象することによって得られるところの、すべての個別に共通している抽象的な

事態を意味することになろう。たとえていうならば、いわば「上積み液」のようなものであろう。他方、普遍性は、個々の個別を一つの統一へと集約するような、それゆえ個々の個別性の根底において共有されている本質となっており、個々のものの根底において一貫して共有されている事態にそなわる特性のことになるであろう。たとえていえば、いわば上積み液の底に沈殿している発酵体にそなわる特性であろう。

　すると、語源学の観点からしても、またフッサール現象学における言葉の使い方からしても、そしておそらくは木村自身が本来目指していたことからしても、具体の底にみられなければならなかったことは、一般ではなく、普遍でなければならないはずである。しかも、こうした普遍的なものは、すべての経験に先立っているという意味で、アプリオリなものとして、個々の人間の在り方の根底に潜んでおり、しかも、木村のいうように、どのような人間の在り方をも規定している以上、すべての人間の本質的な在り方でもあることになる。

　そこで本書では、木村によって目指されていたことに迫る際には、具体の底に普遍をみる、という言い回しを使うことにしたい。そのうえで、個別的でありながらも、現実的で具体的な一人ひとりの人間の在り方を深く豊かに捉えるためには、従来多くなされてきたような仕方で哲学としての現象学を導きとするだけではまったく不十分であることを示したい。すなわち、個別の根底に普遍的な本質を捉えるという本書がめざす方途を拓くためには、哲学としての現象学とそれに基づく経験科学とのあいだでは次節で探るような循環関係を展開しなければならない、ということを明らかにしたい。

第6節　哲学としての現象学と経験科学との循環関係

　現象学的精神病理学において典型的となるように、現象学に基づく経験科学が、先に述べたように、現実の人間のあいだで生じていることを捉えるためには、具体的で個別的な事例から出発しながらも、それら個別的な事例の根底にある普遍的な本質を解明しなければならないのであった。しかもその際に現象学に基づくためには、現象学の思索の歩みが簡略化されることなく、人間の本質についてなされている現象学における記述と、例えば上で引用したメルロ-

ポンティの引用文における記述と、事例となっている人間に生じていることとを、同時並行的に探ることが求められることになる。というのは、哲学としての現象学が、例えばメルロ-ポンティのいうように、世界と関わっている時に他者の辿る道筋を自分自身に取り入れることによって、私が他者と同一の世界を共有できるということをたとえ示してくれているとしても、その際に私と他者とのあいだで成立しているとされる一体化の現実的で具体的な内実は不問に付されているからである。すると、こうした一体化の根底に潜んでいるであろう普遍的な本質の内実に迫るためには、哲学としての現象学も、経験科学によって解明されることになるところの、現実の人間のそのつどの個々の具体的な在り方の根底に潜んでいる普遍的な本質に即して、さらに深められたり、何らかの修正を施されなければならないはずである。

　そしてこのことこそが、本章第１節で引用したところの、哲学としての現象学も、経験科学としての精神病理学における記述や概念を必要としなければならない、と主張しているビンスワンガーの言葉に含意されているのではないだろうか。さらには、第１章第５節で明らかにしたように、メルロ-ポンティやガダマーに限らず、いかなる哲学者の思索の本質も、それらの思索内容に相応している現実に生きられている人間の在り方に出会うことによって、さらに深められたり、厚みをもたされるのであった。それどころか、第３章第５節で明らかにしたように、患者との現実的で個別的な出会いがあったからこそ、現象学に基づく精神病理学は、哲学としての現象学に即しながらも、そうした現象学によっては捉えきれなかった他者経験の解明に至ることができたはずである。

　そして、本章を含め、経験科学からの哲学としての現象学に対してなされてきた本書の記述こそが、哲学としての現象学と現象学に基づく経験科学との循環関係を展開することとなっていたはずである。

　つまり、本書の課題でもあるが、人間をより深い次元で理解するためには、一方では、哲学としての現象学によって記述されていることを現実の人間の在り方を探るための観点としながらも、同時に他方で、その人間の在り方に即して、哲学としての現象学の思索の問題点を指摘しつつ、現象学をさらに深めながら厚みのあるものにすることが求められる、ということになる。個別としての事例を哲学の言葉に即した仕方で解釈するという、いわゆるパラフレーズを

しながらも、現実の人間の生き方の根底に潜んでいる人間の普遍的な本質を明るみにもたらすことによって、普遍的な本質についての哲学の思索を事柄自体に即してさらに深めることが求められるのである。

　すなわち、何らかの理論に基づき個々の人間をその理論の適応可能な一事例としてではなく、以上で述べたような仕方で、個々の人間の根底に潜んでいる普遍的な本質に即することによって、一人ひとりの人間の在り方に寄り添い、その人間と共にその人間の世界を生きながら研究を展開することが、哲学としての現象学と経験科学とに共に求められるのである。そして、このことは、研究される一人ひとりの人間の世界に対する道筋を研究者自身が辿ることによって、研究される人間に寄り添った仕方で、現実的で具体的なその人間の在り方を捉えることになるだけではない。さらに同時に、世界に対するその人間の道筋を共に辿ることによって、その人間を捉えようとしている研究者自身も、自分の世界に対するそれまでの己の道筋をのり超えて、他者と共に新たな道筋を一緒に展開する、ということが可能になる。そして、こうした可能性が実現されることは、より豊かで奥深い人間理解のために、哲学としての現象学と現象学に基づく経験科学とのあいだでの循環関係を展開させる、ということを意味しているはずである。

　しかし、現象学に基づく人間研究は、哲学としての現象学との循環関係を展開することによって、豊かで奥深い人間理解を可能にしているだけではない。というのは、哲学としての現象学は、それまでは誰も思索したことのない事柄を解明しているがゆえに独創的な学問でありながらも、独創的であるがゆえに、学問一般に求められる普遍性を本来そなえていないからである。そして、独創的であるがゆえに、個別的な学問である哲学としての現象学に普遍性を付与しうるのが、次章で明らかにすることになる、現象学に基づく経験科学だからである。

第6章　事例研究による哲学の普遍化

　ここまでの章では、現象学に基づき他者の生をその本源性に即して深く豊かに捉えるために求められる方途について探ってきた。そして前章では、こうした方途の可能性を実際に実現したところの、現象学的精神病理学における他者としての患者の意識や在り方を理解するための試みについて考察した。その結果、現象学に基づく経験科学は、現実的で具体的な事例としての患者の個別的な意識や在り方の根底に潜んでいる普遍的な本質を解明しなければならない、ということが明らかにされた。しかもこうした解明の際には、哲学としての現象学と現象学に基づく経験科学とのあいだの循環関係が展開されなければならない、ということが導かれた。

　しかも、個別的な人間の生の根底に潜んでいる普遍的な本質を明らかにする際にパラフレーズされることになるところの、哲学としての現象学は、学問である限り、それまでは誰によっても探られることのなかった新たな事柄の本質を明らかにすることを目指しているはずである。すなわち現象学は、それまでは誰にも知られることのなかった事柄について明らかにするという意味での独創性をそなえていなければならないはずである。しかし現象学がこうした意味で独創的であるということは、現象学によって記述され解明される事柄は、現象学を自ら遂行している者の私的で個人的な思索の内に閉じ込められている、ということにならざるをえない。すでに第3章第1節で引用した木村のいうように、現象学によって解明されている事柄は、その現象学を遂行しているその人自身に対してのみ直接無媒介的に現われているだけでしかないため、きわめて私的で個別的なことでしかない。

　しかし、現象学も学問の一領域である限り、現象学によって記述され解明されている事柄は、特定の現象学者を超えて、他の人間の場合にも妥当していなければならないはずである。

　するとここにおいて、哲学としての現象学が独創的であるにもかかわらず、

多くの人間においても現象学によって記述され解明されていることが生じている、ということを示すことが求められることになる。

　こうしたことから、本章では、独創性と関わらせながら、現象学に基づく経験科学と、それが依拠する哲学としての現象学との関係を、普遍性という観点に即して、改めて探っていくことにしたい。その結果、経験科学は、本来は私的で個別的な思索でしかない哲学としての現象学を普遍的な学問にしうる、ということを導くことにする。

　この課題を本章で遂行するために、第1節では、独創性という言葉の語源に遡ることにより、独創性にあたる欧米語は、「根源」や「源泉」を意味しているラテン語に導かれていることを示す。第2節では、学問や研究が独創的である限り、それらは個別的であることをそもそも免れえない、ということを明らかにする。そのうえで、このことをメルロ゠ポンティによる幼児の絵の捉え直しによって具体化する。第3節では、現象学によって解明されるところの人間の生の営みを根底で支えている普遍的な本質は、現実の幼児の活動において語りだされてくる、ということを解明する。そのうえで、哲学における個別性がいかにして普遍化されうるかを示す。以上の結果に基づき、現象学に基づく事例研究は、それまでは個別的でしかなかった哲学としての現象学を普遍的な学問としての現象学にしてくれる、ということを導きたい。

第1節　根源や源泉に導かれている独創性

　本節では、学問や研究に際しこれまではなんとなく意識されていたであろう独創性は、学問や研究においてどのような機能をはたしているのか、あるいは、独創性とは本来どのような事柄を意味しているのか、ということについて改めて探ってみたい。

　日本語の独創的に当たる欧米語は、ラテン語で「根源的な」を意味しているoriginalis に発するが、originalis は、「根源」や「源泉」や「起源」を意味している origo の形容詞形である。こうした語源に従えば、独創的であるということは根源的である、ということになる。すると、独創性とは、学問や芸術といった人間の活動領域において、何らかの成果や作品がそこから生みだされる

ことになるような「根源」や「源泉」や「起源」に導かれていることを意味している、ということになる。

　このことからすると、学問や研究の領域における独創性は、従来の学問では欠けていたデーターを駆使したり、それまでは未発見であった何らかの資料を発掘したり、従来は設定されることのなかった新たな仮説を設定するといったことに基づき、当の学問や研究の意義を示すことによって得られるようなものではない、ということが導かれる。あるいは、多くの先行研究をそれまではみられなかった新たな観点で整理したり、先行研究の意義を改めて位置づけ直したりすることが、独創性につながるわけでもない。さらには、先行研究の手法を踏襲することによって、それとは異なる成果をみいだすことも、やはり独創的な学問や研究につながることはない。

第2節　独創的であるがゆえの個別性

　語源に即して第1節で明らかにされたように、独創性は、先行研究の活用も含め、すべての思索がそこから生みだされることになるような「根源」や「源泉」や「起源」に導かれていることによって保障されるのであった。

　すると、ある学問や研究が独創的であるためには、その根源や源泉を自分自身の研究活動によっては得られることのないものに求めてはならないことになる。そしてこのことはまさに、ある学問や研究は、それが独創的であるあいだは、一般的でもなければ普遍的でもない、ということを意味していることになる。すなわち、個別的なものでしかないことになる。なぜならば、独創的であるあいだは、その学問や研究の歩みや成果などはすべて当の学問や研究をしている者にのみその源泉や起源が帰せられているだけだからである。すると、学問や研究は、私的な個人のなかに閉じ込められた個別的なものであってはならず、一般性や普遍性をそなえていなければならないという、学問や研究についての従来の根本的な理念を独創的な学問や研究は満たしていない、ということになってしまうのではないだろうか。いいかえれば、独創的な思索は学問や研究とはなりえない、ということにならざるをえないのだろうか。

　たしかに一見すると、こうした疑問は唐突であるように思われるかもしれな

い。しかし、学問の一領域である哲学の場合における次のような事態を考慮するならば、こうした疑問は当然の疑問であるだけではなく、従来の哲学の成果に対する新たな観点を導きだしてくれるはずである。

　以上のことを現在の筆者の研究領域である、幼児の場合で具体的に述べれば、次のようになる。

　幼児の絵には、現実には同時に生じえないことが一枚の画用紙に同時に描かれる、ということがしばしばある。例えば、一枚の画用紙に太陽と月や星が同時に描かれていることがある。そのため、おとなかこうした絵に接すると、幼児の描画力の未熟さや時間意識の未発達といった判断がしばしばなされる。

　他方、メルロ‐ポンティは、次のようにいう。すなわち、こうした絵を描いている時やその絵について語っている時の「幼児は、〔描かれるべきと、あるいは語るべきと彼によって〕みなされている〔限られた〕時点内で、物語全体を彼一人で支えているのであり、時間の厚みを通して登場人物がすべて一緒に対話し合い、あちらこちらで物語の筋書きを立てているのである」（Merleau-Ponty, 1969, p.209, 199頁）、と。というのは、幼児にとってだけではなく、メルロ‐ポンティのいうように、おとなも含め、「我々が生きている時間に即せば、現在は、いまだ過去に触れ、過去を手中に保持し、奇妙な仕方で過去と共存（coexistence）している」からである（ibid., 同所）。すなわち、そのつどの現在は、過去に生じたことと完全に切り離されておらず、何らかの仕方で過去を背負っているからである。さらには、そうした現在は、これから生じるであろう未来に対する期待や想い等を、たとえ漠然とした仕方でしかないとしても、含み込んでいるのである。

　すると、メルロ‐ポンティが記述していることが絵を描いている幼児に生じているならば、先ほど例示した、太陽と月や星を一枚の画用紙に描いている時の幼児は、ある時点内で、夜から昼への、あるいは逆に昼から夜への時間的な経過に伴なう物語の筋書きを立てていることになる。それゆえ、彼が描いている一枚の絵には、時間的にはすでに過ぎ去った過去や、これから来るであろう未来が現在のある時点において共存していることにもなる。

　こうしたことが幼児の描く絵に含意されているならば、メルロ‐ポンティは、子どもが語りそこねているように思われてしまう「省略のみが、……未来へと

向かって現在をまたぎ越していく」(ibid., 同所) ことを可能にしてくれるという解釈でもって、幼児の描画を彼独特の仕方で捉え直していることになる。その結果、メルロ－ポンティは、幼児の在り方の豊かさを主張し、「幼児のデッサン」は、「何の保証もなしに世界の存在を回復しようと試みるような表現操作」(ibid., p.210, 同書, 200頁) である、という。上述の例でいえば、そのつどの現在としての夜は、夜に至るまでのすでに過ぎ去った昼を、あるいはこれから来るであろう昼を含み込んでいるという、日々の連続的な時間の流れに支配されている世界の在り方が幼児の絵によって再現されていることになる。

　ところが、幼児の絵についてメルロ－ポンティによって記述されている以上のことは、メルロ－ポンティ以前には誰も考えていなかったことであるという、通常そうみなされている意味でだけではなく、彼だけが彼の思索の根源や起源であるという意味でも、彼の独創性に帰せられている。そうである以上、彼の思索は、メルロ－ポンティという唯一一人の哲学者のみに固有な、個別的なものでしかないはずである。このように、思索の内容が個別的であることが、思索者の独創性を保障していることになり、それが独創的であるあいだは、いまだ普遍的なものとはなっていないことになる。したがって、ある思索者の内面で初めて徹底的に考えぬかれた個別的な思索内容が、たとえその思索の根源や源泉に本質的なものを含んでいたとしても、その本質は、決して普遍的な本質とはなりえず、あくまでも個別的なものに留まらざるをえなくなる。

　そもそもどのような学問や研究においても、それらは独創的でなければならない、ということが暗黙のうちに認められているはずである。なぜならば、たとえ通常理解されているような意味での独創性という理念に即しても、学問や研究の成果等がすでに誰かによってなされていたことであるならば、あえて改めてそれと同じような学問や研究をする意義や意味がないからである。それゆえすでに簡単に触れたように、学問や研究においては、従来はなされていないことをなそうとするのであろう。

　しかし学問や研究が独創的である以上、すなわち他の人間によってはいまだなされていない以上、それらは個別的なものでしかありえないのであった。しかも、語源学的な意味での独創性に即しても、同様のことがいえるのであった。

　では、やはり学問の一領域である哲学としての現象学は、いかにしてこうし

た個別性を脱し、学問一般に求められる普遍性を獲得しうるのであろうか。

第3節　哲学における個別性の普遍化

　そもそもどのような偉大な哲学者の思索内容も、以上で述べたように、本来は個別的なものでしかない。しかし、本書でここまでで明らかにされてきたように、哲学としての現象学は、現実に生きられている人間の意識や在り方を解明しようと試みているのであった。すると、ある特定の現実的で具体的な人間によって哲学としての現象学の思索内容が実際に生きられているならば、それまでは個別的でしかなかった思索内容の本質がその人間の現実の行為において閃きでてくることになる。先ほど例示した幼児の絵の場合でいいかえれば、次のようになる。すなわち、「幼児は、〔描かれるべきと、あるいは語るべきと彼によって〕みなされている〔限られた〕時点内で、物語全体を彼一人で支えているのであり、時間の厚みを通して登場人物がすべて一緒に対話し合い、あちらこちらで物語の筋書きを立てている」というメルロ－ポンティの思索内容は、太陽と月や星が一枚の画用紙に描かれている幼児の絵において具体的で現実的な出来事として生じていることになる。

　この例に即せば、幼児の絵は、メルロ－ポンティの思索の正しさを証明するためのたんなる一事例ではなく、幼児の絵において、彼の思索の根源や源泉に含まれている本質が明るみにもたらされている、といえることになる。いいかえれば、幼児の絵がメルロ－ポンティの思索の本質を語りだしている、ということになる。しかも、こうして語りだされてくる本質とは、第5章第5節で引用した木村の言葉にあるように、「具体の底に一般を見」ることによって得られるところの、本書の言葉を使えば、具体の底に潜んでいる普遍的な本質のことである、ということが明らかになる。なぜならば、ある一人の幼児によって描かれているある特定の個別的な一枚の絵という個別からは、上述したように、メルロ－ポンティによって解明されているところの、世界の存在の回復という幼児の絵の普遍的な本質がみえてくるからである。

　幼児の絵を介して以上のことがみえてくるならば、それまでは個別的でしかなかったメルロ－ポンティの思索内容の独創性を湧きだされている根源や源泉

は、幼児の絵を介して閃きでてくることになる。いいかえれば、メルロ－ポン
ティの思索内容の独創性は幼児の絵を介して閃きでてくるがゆえに、幼児の絵
こそが彼の独創性を湧きださせてくれているということを、その絵を見ている
者に具体的に、なおかつ現実の出来事として目撃させていることになる。そし
て、幼児の絵を見ている者のすべてにこのことが目撃されるならば、それまで
は個別的でしかなかったメルロ－ポンティの思索内容の独創性が普遍的なもの
となるはずである。それゆえ、哲学における思索の普遍的な本質は、現実の人
間の行為の根底にも含まれている時にのみ、その行為を介して閃いてくるので
ある。すると、こうした現実の人間の行為には、偉大な思索の普遍的な本質が
凝縮されている、ということになる。

　事実、もっとも独創的であるとされている哲学の領域においても、特に現象
学は、現実に生きられている人間の意識や在り方の根源や源泉にまで遡ること
によって、現象学自体の独創性を十分に発揮してきた、といえるであろう。し
かし、従来は気づかれることなく見過ごされてきたことであるが、まさにこの
独創性ゆえに個別的でしかなかった哲学としての現象学によって記述され解明
されていることは、現象学を理論的背景とした例えば精神病理学や教育学の領
域において、現実的で具体的な一人ひとりの人間の営みが解明されることを介
して、閃きだされてきている。その具体例としては、前章で詳述したように、
精神病理学において一人ひとりの患者の症例を取り挙げるといったことによっ
て典型的に明らかになるところの、経験科学における現象学に基づく事例研究
を挙げることができる。すなわち、現象学に基づく事例研究は、現象学のたん
なる応用研究ではなく、現実的で具体的な特定の人間の営みにおいて、現象学
の思索内容の根源や源泉に含まれている本質的なものの閃きを目撃させてくれ
ることで、それまでは個別的でしかなかった現象学を普遍的な現象学にしてく
れるのである。そしてこうした貢献は、経験科学のなかでも、現実の具体的な
一人ひとりの人間に焦点を当てて研究している事例研究によって特に可能とな
りうるのである。

　すると、現実的で具体的な人間の在り方を何らかの理論に基づいて探求する
という、事例研究は、それまでは個別的でしかなかった理論の普遍化にも貢献
しうることになるはずである。

　そこで次章では、経験科学の一つである幼児の在り方に関する研究と関わらせながら、哲学としての現象学においては現実に生きられている人間の意識や在り方の根底に潜んでいる普遍的な本質とみなされている事柄の内実を改めて問い直したい。そのうえで、こうした問い直しを介して、現象学において他者経験のアプリオリな根拠として解明されている事柄が、現実に生きられている乳幼児の在り方において典型的な仕方で閃きだされている、すなわち顕在化されている、ということを明らかにしたい。その結果、経験科学は、哲学としての現象学の問題点をいかにして解消しうるか、ということを具体的に示すことにする。

第7章　経験科学からみた相互主観性の現象学

　前章までは、哲学としての現象学においては、独創的であるがゆえに本来は免れえない個別性が、経験科学の一つである事例研究によって普遍性へともたらされる、ということを明らかにしてきた。実際には、第5章で明らかにしたように、哲学としての現象学の成果は、経験科学の一つである精神病理学においても妥当するだけではなく、その妥当性を介して、哲学としての現象学に本質的にそなわっていた個別性が普遍化されることにもなっていたはずである。このことを改めて具体的に示すために、前章では、幼児の絵についてのメルロ−ポンティの記述が事例研究によって普遍化されることについて明らかにした。現象学に基づくいくつかの教育研究においても、哲学としての現象学の個別的な成果の普遍化がなされているのである[1]。

　さらには、やはり第5章で示したように、現象学的精神病理学は、解明している現象学者自身の意識の在り方ではなく、哲学としての現象学が解明できなかった、他者の意識の在り方を解明するための方途を新たに開示してきた。それゆえ、現象学的精神病理学は、哲学としての現象学が解明できず不問に付してきた研究領域を開拓してきたことになる。

　しかし、それまでは不問に付されてきた研究領域を開拓して、新たな研究を展開していくことは、なにも現象学に関わる研究領域に限られたことではない。こうしたことは、何らかの新たな研究領域が開拓される場合には一般的に生じることであろう。

　では、現象学に関わる経験科学は、個別的な現象学の成果を普遍的なものにしうるとしても、従来なされることのなかった新たな研究領域を開拓しているだけなのだろうか。あるいは、人間の意識や在り方についての経験科学は、哲学としての現象学が遵守しなければならない方法論に拘束されているがゆえに捉えそこなっていたことを捉え直すことができるのではないだろうか。というのは、哲学としての現象学に対するこうした観点が浮かびあがってくるのは、

第3章第3節で示唆したように、すべての学問を基礎づけうるために、普遍的な判断中止をしなければならないないという根本的な前提が、本章で明らかにするように、現象学自体に内在している問題に関わっているからである。

　普遍的な判断中止という根本的な前提ゆえに、現象学の成果を導くためには、例えば意識の解明に際し、従来の心理学等の経験科学によって解明された成果に基づくことが許されない。しかも現象学においては、絶対的に疑いえないという明証性に基づくことのない事柄に頼ることが許されない。しかし、第3章第4節で示したように、哲学する者にとっての他者の意識は明証性を伴なって現われてこない。そのために、現象学的精神病理学においては、ブランケンブルクや木村において典型的となるように、自分と他者とのあいだで生じていることを出発点とするのであった。ところがこの場合における自他の対峙と相互依存性においても、患者である他者の意識や在り方自体が明証性を伴なって医師に開かれてくるのではなかった。そして、こうした問題点を克服できるのが、ヴァルデンフェルスがいうところの、共同の受容作用における自他の一体化という観点であった。しかもこの際の一体化は、第5章第4節で示したように、他者の視点を介して、世界に対する他者の道筋を私自身の道筋とすることによって、明証性を伴なって私に体験されるのであった。

　こうした自他の一体化が日常的な体験において生じている以上、現実に生きている人間の意識や在り方を解明することを目指している哲学としての現象学においても、自他のあいだで生じているとされる一体化の超越論的根拠が解明されなければならないはずである。しかも、哲学としての現象学においては不問に付されていた現象学者にとっての他者の意識や在り方は、例えば経験科学の一領域である現象学的精神病理学によって解明の課題とされていることからも示唆されるように、経験科学の観点からの哲学としての現象学の捉え直しによって解明されなければならないであろう。

　しかもこうした捉え直しは、哲学としての現象学にとっていわゆる外在的な要求となっているのではなく、本章で明らかにするように、まさに現象学における根本的な問題点の解消となっているはずである。というのは、こうした問題点を解消することは、自他の一体化についての解明に直接関わっているため、相互主観性の現象学における根本的な課題でもあるからである。

　以上のことから、本章では、相互主観性の現象学における自他の一体化に類した自他の共存や融合といった事柄について、経験科学の観点から新たな捉え直しを試みたい。というのは、すべての現実的な経験と経験対象を超えて、それらの可能性の根拠の主体としての超越論的主観性の根源的な在り方を哲学として解明することを課題としているのが超越論的現象学だからである。そして、こうした超越論的主観性とは根本的に異なる他者の在り方にいかにして迫れるか、ということを解明しようとしているのが自他の根源的な一体化の根拠を探る相互主観性の現象学であるからである。それゆえ、相互主観性の現象学における他者経験の解明に際し経験科学の観点から迫ることが、哲学としての現象学の存立の根拠を改めて問い直すことになるはずである。

　本章で以上の課題を遂行するために、まずは、相互主観性の現象学が何をどのように目指したのかということと、その際の問題点を示す。そのうえで、これらの問題点を現実の子どもの在り方に即して解消するためには、乳幼児の他者経験ではなく、彼らとおとなとの他者関係に定位することが必要であることを示す。そのうえで、経験科学の観点から、自他の共存の根拠とみなされている癒合〔＝融合〕的社会性の本質を自他の感情の混同や同化にみいだしているワロンの問題点を指摘する。

　というのは、本章で示すように、一方では他者経験の発生の根拠を探る相互主観性の現象学においては、新生児の在り方においても他者が潜在的に含まれているということが、すなわち乳児における他者との一体化や共存という事態が示されているからである。特に他者経験の発生の根拠を探る相互主観性の現象学においては、我々おとなの他者経験を支えているところの、潜在的な次元における自他の一体化や共存の根拠は、後に親として経験されることになる他者が新生児の在り方にすでに潜在的に含み込まれている、ということに求められているからである。

　そして他方において、子どもの他者関係について以後の発達心理学に大きな影響を与え、今日においても一般的に支持されているところの、ワロンによって提唱された乳幼児における癒合的社会性によれば、自我の確立するほぼ3歳までの子どもは、親の感情を取り込んでいる、とされているからである。こうした癒合的社会性は、子どもの自我が確立されるまでは、子どもの他者関係を

支えているだけではなく、子どものすべての活動や在り方を規定している、とみなされている。

　以上で概観したように、それぞれ異なる観点からではあるが、乳幼児における他者経験が人間一般の他者関係の根拠となっているということが、哲学としての現象学においても、経験科学としての発達心理学においても示されているのである。

　すると、現象学と発達心理学においては共に、他者経験の根拠は、誕生時において子どもにアプリオリにそなわっているとされる子どもとおとなとの一体化や共存に、あるいは癒合的社会性にある、とみなされていることになる。そこで本章第1節と第2節では、新生児を含めた幼児期の子どもの他者経験の在り方が哲学としての現象学と経験科学としての発達心理学においていかなる仕方で解明されているのかを探ることにより、両学問の問題点とその解消の方向を示すことにする。

　第3節では、第2節で考察されることになるワロンの見解とは異なり、乳幼児がおとなの働きかけによって大きな影響を受けるのは、彼らの感受性が豊かであるからだということと、彼らの感受性のこうした豊かさの根拠につい探ることにする。

　第4節では、おとなの働きかけに対して子どもがかなり適切な仕方で対応できるのは、子どもが一方的におとなの働きかけに反応しているからではなく、おとなの活動をおぎなっているからである、ということを明らかにする。

　第5節ではまず、親子のあいだでのお互いのおぎない合いを可能ならしめている根拠を、子どもの在り方についての現象学における捉え方に沿いつつ明らかにする。その結果、哲学としての現象学において他者経験のアプリオリな根拠とみなされている子どもの在り方を経験科学の観点から解明することにより、現象学における自他の共存や間身体性という言葉で記述されていることの内実を捉え直すことにする。

　本章における以上の解明に基づき、本章の「おわりに」では、現実に生きられている乳幼児の在り方こそが我々人間の他者関係の根拠となっていることを明らかにすることによって、相互主観性の現象学の問題点を経験科学の観点から捉え直すことを試みたい。

第 1 節　相互主観性の現象学における自他の共存と融合

1　現象学における乳幼児の捉え方

　他者経験に関する膨大な現象学研究の端緒となった『デカルト的省察』において、フッサールは、他者経験と他者経験に基づく共同世界の根拠を解明するために、感情移入論を展開している。すなわち、他者経験を根源的な次元で可能ならしめているのは、私と他者の身体のあいだで受動的に生じる対化的連合と、この対化的連合に基づく私と他者との志向的重なり合いであるとされ、この重なり合いを介して私と他者の世界の基底層の「融合（Verschmelzung）」が生じている（Husserl, 1950, S.147, 308頁）、とされている。

　しかし、フッサールによるこうした論の展開には、よく知られているように、多くの問題点が含まれている。この問題点を克服すべく、フッサール自身を含めた以後の現象学者によって、他者経験論としての相互主観性の現象学を深めるための多くの試みがなされている。それらの試みに共通しているのは、以下で検討するように、私と他者との、すなわち自他の等根源的な融合や「共存（Koexistenz）」（a.a.O., S.156, 同書、320頁）という観点である。

　実際フッサール自身も、ある遺構のなかで、「私は私の感覚でもってのみ見たり聞いたり経験するだけではなく、他者の感覚でもって見たり聞いたり経験するのであり、他者も彼の感覚でもってのみ経験するのではなく、私の感覚でもって経験するのである」（Husserl, 1921, S.12）、という。あるいは、「私がしていることは、私とは異なる他者がしていることを自分のなかに包み込むことになるし、また〔逆に〕、私とは異なる他者がしていることに〔私のしていることが〕包み込まれることになる」（a.a.O., S.18）、ともされている。それゆえこうしたことが自他のあいだで生じている時には、私と他者の「人格を超えた意識の統一（Einheit）が成立している」（a.a.O., S.17）ことになる。そして、自他のこうした在り方が、第 3 章第 6 節で明らかにしたように、ヴァルデンフェルスが詳述している観劇の場合に典型的に生じているところの、共同の受容作用の超越論的根拠となっている（vgl., Waldenfels, 1971, S.153, 140頁参照）。しかも、我々人間のすべての経験には、その根底において、こうした共同の受

容作用が潜在的に機能している。そして、こうした共同の受容作用に基づいて、観劇の場合であれば、それぞれの観客が、例えば役者の演技等について自分なりの評価を能動的に下すことになる。それゆえ、個々の観客がそれぞれいかなる判断を個別に下そうとも、そうした個別の判断の根底には自他の未分化な基底層があり、そのうえに個々の人間の活動が、例えば、時には同じ感情や思考作用等が、多くの場合は異なるそれらが構成されるのである。

　こうした自他の未分化な融合は、感覚や知覚の担い手である身体の機能に着目しているメルロ゠ポンティの言葉をもちいれば、次のようにいいかえられるであろう。すなわち、「他者と私〔の身体〕は、間身体性〔＝相互身体性〕という一つの有機的器官」として機能しているため、両者の身体は、互いに「併合し〔合っ〕ている（annexer）」（Merleau-Ponty, 1960, p.212-p.213, 18頁）、と。すなわち、共同の受容作用の個々の担い手である私と他者の身体は、お互いに併合し合っているという仕方で、間身体性の一つの有機的器官として機能しているため、両者は「共存（coexistent）」（ibid., p.212, 同所）していることになるのである。

　私の身体と他者の身体がメルロ゠ポンティのいうような仕方で一つの有機的器官として機能することは、二人の人間がお互いの身体を使って共同の目的に向かって協力し合っている時には常に生じている。例えば二人三脚がうまく行なわれている時には、二人の身体は、お互いに相手の身体を併合している。と同時に、相手の身体によって自分の身体が併合されることにより、両者の身体は、お互いに相手の身体の動きに調和するようにと協力し合っているため、あたかも一つの身体であるかのように機能している。それゆえこうした時には、両者の身体のすべての部分が相互に調和し合っているという意味で、物理的には切り離されている二つの身体は一つの有機的器官として機能しているのである。

　フッサール自身や彼の思索を引き継いでいる者によって以上のことが明らかにされたことからすると、相互主観性の現象学は、他者経験の根源的な根拠を解明するために、以上で述べられたような融合や共存の根拠を探らなければならなくなる。というのは、すべての経験に先立ってそれらを可能ならしめている根拠を解明しようとしているのが、アプリオリな学問としての現象学だから

である。まさにフッサール自身が述べているように、「アプリオリな学問」の課題は、「〔個々の経験や経験対象といった〕現実的な内容についてではなく、むしろそのアプリオリな可能性について判断し、そうすることによって同時に、その現実的内容に対してアプリオリな規則を予示する」（Husserl, 1950, S.66, 208頁）ことだからである。そして、哲学としての現象学において現実的な他者経験のアプリオリな可能性とみなされているのが、本章で解明の中心的な課題としているところの、乳幼児の在り方なのである。すなわち、相互主観性の現象学の展開において本章の課題と密接に関わってくるのは、受動的な次元における自分と他者との未分化な在り方や、自分と他者との一体化や融合や共存の発生の根源として、いまだ自我とは呼べないがそこから自我が目覚めてくるために、先自我と呼ばれている乳児の自我の在り方なのである。

　フッサールも、ある遺稿のなかで、「先自我（Vor-Ich）」の状態にある子どもを「原子ども（Urkind）」（Husserl, 1973, S.604）と呼んでいる。そのうえでフッサールは、「いまだ生き生きとはしていない」「目覚める前の自我」は「両親をもっている」（ebd.）、という。すなわち、我々人間の他者経験のアプリオリな根拠は、両親と自分自身とがいまだ区別されていないため、両親と「結合（Konnex）」（ebd.）している乳児の先自我にある、とされている。乳児のこうした先自我が後に自分と両親とに分離していくことによって、他者経験が可能になる、とされているのである。

　しかし、同時に他方で、同じ遺稿のなかでフッサールは、「新生児」（a.a.O., S.605）という言葉を使っているだけではなく、例えば以後の子どもの言葉の獲得に関しては、経験的な事実を挙げてもいる（vgl., a.a.O., S.606）。それゆえ、この遺稿のなかでは、現実の子どもの発達が引き合いにだされていることになる。さらにフッサールは、他の遺稿においてより明確に、私と他者との対化的連合を可能ならしめている自他の「類比化」を基礎づける際の「ひな型は、早期の段階の子どもたちのなかに潜んでいる」としながらも、同時に、「超越論的な子どものような私の存在」（a.a.O., S.583）といった言葉を使っている。こうしたことからも、現実の子どもと現象学において想定されている原子どもとのあいだにおけるフッサールの曖昧さが窺われる。というのは、ここで問題となっている他者経験においてもそうであるが、哲学としての現象学においては、

先ほど述べたように、すべての経験を可能ならしめている超越論的根拠を経験科学としての他の学問の成果に基づかせることは許されないからである。すなわち、哲学としての現象学として、他者経験の超越論的根拠の発生を解明するために想定される原子どもの在り方や、そうした原子どもからいかにして子どもと両親の自我が分離してくるかを明らかにすることと、第2節で示すことになるが、経験科学としての発達心理学において、癒合的社会性の状態にある乳幼児がいかにして自我を確立することによって親子分離が生じてくるかを解明することとは、解明の方法や根拠などに関し、本来相互に依拠し合うことがないからである。

　それにもかかわらず、メルロ－ポンティはあえて経験的な子どもの在り方を己自身の哲学的解明のてがかりとしている。というのも、メルロ－ポンティは、我々おとなを含めた人間一般の他者知覚のひな型を、現実に生きられている幼児における親との癒合にある、としているからである。メルロ－ポンティは、心理学者であるギョームを引き合いにだしながら（cf., Merleau-Ponty, 1962, p.25, 137頁以下参照）、さらには以下で取り挙げるワロンにおける癒合的社会性という言葉に依拠しながら、次のことを導きだしている。すなわちメルロ－ポンティによると、ワロンにおける「癒合（syncrétisme）とは、自分と他者にとって共有されている状況のなかへと溶け合っているような未分化〔な状態〕（indistinction）のことである」（ibid., 同書, 138頁）、とされる。自我が確立し、親とは別人格の独立した自我へと移行するまでのほぼ3歳以前の乳幼児の場合に典型的となるように、この時期の幼児は、例えば砂場で一人で遊んでおり、親が後ろでただ見守っているだけで一緒に遊んでくれなくとも、親と一緒に遊んでいるような感覚になっている。それゆえ、親が後ろにいないことに気づくと、幼児は一気に動揺し、必死になって親を探そうとする。それゆえ一人で遊んでいる時の幼児は、メルロ－ポンティのいうように、親と共有されている砂遊びという状況を親の存在とは切り離されることのない未分化な状態として生きていることになるのである。

　こうした自他の未分化な状態が生きられている際の二人の人間の在り方に関し、さらにメルロ－ポンティは次のようにいう。すなわち、「他者の志向が何らかの仕方で私の身体を通して働いている」と同時に、「私の志向が他者の身

体を通して働く」といった、実際に私と他者とが直接関わり合うことを潜在的な次元で可能にしている「前交流の……層」（ibid., p.24, 同書, 137頁）がある、と。このことは、先ほどの砂遊びの場合でいえば、後ろで見守りながら「楽しく砂遊びをしてほしい」という親の想いが、子どもへの志向として、一人で砂遊びをしている子どもの身体活動を通して働いている、ということになる。あるいは逆に、例えば乳児の眼の前で親がガラガラを振って音を鳴らすと乳児が嬉しさではしゃぐのも、ガラガラを鳴らしたいという乳児の想いが親の身体を通して働いているからであろう。それゆえ、いずれの場合も、親と乳幼児とのあいだでは直接的な身体活動が生じていなくても、両者は、間接的な仕方で交流し合っており、こうした間接的な前交流が直接的な交流を潜在的に支えていることになる。すなわち両者は、メルロ－ポンティがいうところの前交流の状態を共同して生きているのである。そしてメルロ－ポンティは、こうした前交流における「共同性（communauté）を基盤として」、幼児にとって自分と親とのあいだでの「分化」がなされるという幼児の「発達」について語っている（ibid., p.25, 同所）。

　しかも、ここで見逃されてならないのは、自我の確立によって幼児が親と分化した在り方へと移行したからといって、こうした分化は、「完全には決して完成に至ることがない」（ibid., 同所）とされている、ということである。それゆえ、メルロ－ポンティのこの引用文からは、前交流という層は、おとなを含めた我々人間の他者経験を潜在的な次元で支え続けている、ということが読み取れるはずである。

　以上のような仕方でメルロ－ポンティが前交流の層における自他の共同性について語っていることからすると、メルロ－ポンティにおけるこうした共同性は、『デカルト的省察』でフッサールがいうところの自他の融合や共存の根拠となっている、とみなせるであろう。すると、メルロ－ポンティは、フッサール以後の相互主観性の現象学が試みてきた、他者経験の根拠を現実の乳幼児の在り方にみいだしていることになる。

　同様のことは、シェーラーにおいてもみられる。シェーラーは、現実に行なわれている同情を現象学の観点から記述することにより、他者と感情を共有する際の様々な在り方の一つである「融合（Verschmelzung）による〔感情的

一体感（Einsfühlumg）」（Scheler, 1974, S.36, 61頁）の典型例として、「母親と子どもとのあいだの絆」（a.a.O., S.37, 63頁）を挙げている。そのうえでシェーラーは、母親と子どもとのあいだには「意識以前の生命心理的統一（Einheit）」があるとし、両者の身体が分娩によって切り離されても、この統一は「いまだ完全には引き裂かれていない」（a.a.O., S.39, 同書, 66頁）、とみなしている。

2　他者経験から他者関係へ

　しかし、すべての学問の基礎づけとしての哲学となるために現象学が本来厳守しなければならないのは、普遍的な判断中止により、例えば現実の子どもの発達過程についての心理学等の他の学問の成果などに頼ってはならない、ということである。さらに第二に厳守しなければならないのは、「事柄それ自体へ」という現象学の格率に従うために、現象学者は、己自身の経験や意識にとって現にありありと現われてくるような絶対に疑いえないという意味での明証性をそなえていないことを現象学を遂行する際の根拠としてはならない、ということである。

　こうしたことから、特にこれらに注意深い現象学者は、次のような手続きを取る。

　現象学によれば、我々の経験のすべては、ある基底層のうえに順次より高次の層が積みあげられて可能になる、とされている。そのため、こうした基底層からより高次の層がどのように基礎づけられるかが解明されることになる。こうした解明方法を、彼らは発生的現象学と呼んでいる。それゆえ発生的現象学は、例えば、現実の子どもの発達に即した解明とは同一のことを目指しているのではない。

　すると、ここで問題としたいのは、原子どもという目覚める前の自我は両親をもっているというフッサールの主張は、現象学者自身が原子どもにはもはやなりえないため、哲学を自ら遂行している現象学者にとっては、明証性をそなえては捉えられない、ということである。それゆえ、フッサールによって先の引用文で記述されている事態は、明証性に基づくことのないことでしか、現象学の言葉を使えば、構築されたことでしかなくなる。本書の言葉を使えば、そ

れらは現象学を遂行する際の根拠とはなりえないのである。

　以上のことからすると、現象学における他者経験に関する両親との結合や融合や親との未分化な在り方や共存や間身体性といったことに関わる子どもの在り方は、その方法論を厳密に遵守することのないまま、相互主観的な意識の在り方の根拠をフッサール現象学の枠内で求めるために導きだされたものでしかないことになる。他方、いまだ目覚めていない現実に生きられている乳児の自我や意識や在り方においても自他の一体化や結合や融合や共存や間身体性といった事態が生じているとしたならば、明証性を伴なってそれらに迫れるのは、両親を典型例とした、子どもと現実に関わっている親や保育者等である。

　たしかに、現実の身体的な関係を介して乳幼児と日常的に関わっている者にも、乳幼児の他者経験自体は、現象学を遂行している者にとってと同様、疑いもなくありありとした明証性を伴なっては現われてこない。しかし、おとなと乳幼児との関係は、すなわち彼らの他者関係は、当のおとな自身の他者関係として、両者によって共に現実に体験されているはずである。

　では、現実の子どもは、彼らにとって身近なおとなとどのように関係しているのであろうか。このことを明らかにするための端緒として、次の第2節では、経験科学の立場から、子どもの癒合的社会性の主要な特質を子どもにおけるおとなの感情との混同や同化とみなしているワロンの問題点を示したい。

第2節　ワロンにおける癒合的社会性

　児童精神病理学者であり、発達心理学者でもあるワロンは、「情動が他の人間に感染する大きな力をそなえている」（Wallon, 1949, p.105, 92頁）ことに基づき、自我の確立以前の子どもにとっての「自己と他者との区別は、実際には徐々にしか獲得されない」ため、「幼児の反応には常に周囲の人々の反応が反響しており、周囲の者と感情を共有しているようである」（ibid., 同書, 91頁）、としている。すなわち、幼児の場合は、自分の周りにいるおとなの感情を取り込むことによって、おとなとのあいだで感情を共有し、そうしたおとなの感情に敏感に反応している、とされているのである。そのうえでワロンは、子どもの自我が確立することによって、「自分を他者からはっきりと区別した主体と

して活動し始めるのは、少なくとも３歳になってからである」（ibid., p.239, 同書, 209頁）、という。そして、ワロンのこうした見解が彼以後の発達心理学においても、また育児の現場においてもその妥当性が認められ、子どもの自我が確立するのはほぼ３歳頃である、という発達観が現代においても定着したのであろう。

　しかし、生後６ヵ月頃以降になると、子どもにとっての他者関係が明確に現われるようになる。この頃になると、経験的にもよく知られているように、乳児は、抱かれ方やあやされ方の違いを、微笑したり泣いたりといった感情の違いでもって表現するようになる。また、母親とその他のおとなとを区別するようにもなり、視覚的にも、親しいおとなとそうではないおとなとを区別するといった、人見知りをするようになる。あるいはワロンのいうように、「人が近づいてくるのを感じると、喜びの発露のように手や足が動くようになる」といったことから、「他者のまなざしや存在に対する感受性」（ibid., p.129, 同書, 113頁）も発揮されるようになる。さらには、「食事の際や、寝床から起こされ着替えをさせられる際や、散歩に行く際には、こうした出来事へのわずかな期待が、それだけですでに子どもを嬉しさではしゃがせる」（ibid., p.205, 同書, 179頁）ようにもなる。そのため、この頃になると、子どもにはこれから生じることを「あらかじめ予期する能力」（ibid., p.204, 同所）が発揮されるようになる、とされている。こうした記述からすると、ワロンも、この時期の幼児の感受性の豊かさを認めていることが窺われる。それゆえワロンも次のようにいうのであろう。すなわち、「生後数ヵ月における社会的〔＝他者と関係した〕感受性は、身体組織の要求に由来しているように思われる」のに対して、生後「半年以後は、その状態を脱して何らかの〔他者関係に〕特有のものになる」（ibid., p.250, 同書, 219頁）、と。しかし同時にワロンは、この時期の子どものこうした「感受性の発現は、……状況にかなり厳密に限定されている」（ibid., 同所）とし、後に明らかにすることになる、子どもの感受性の根源的な豊かさを認めるまでには至っていない。

　以上で述べたことから、ワロンは、自我が確立する３歳頃までの子どもに特有の他者関係の在り方を「癒合的社会性（sociabilité syncrétique）」（cf., ibid., p.249, 同書, 218頁参照）と呼んでいる。そのうえでワロンは、癒合的社会性の

状態にある在り方とは、先ほど引用したように、周囲の者と感情を共有している在り方である、としている。こうしたことからワロンは、他者と「同じ感情状態のなかで自分と他者とをまず混同すること」としての、他者との「感情的同化」（ibid., p.255, 同書, 224頁）とか、自分と他者とのあいだでの「感情的態度の呼応（accord）や相互性」（ibid., p.256, 同所）といったことを癒合的社会性の特質とみなしている。

　以上で考察したように、ワロンの場合には、感情的同化による自己と他者との混同が乳幼児の他者関係の主たる特質とされながらも、さらには、幼児同士のあいだでは、他の子どもの活動をお互いに「おぎない合うような」（ibid., p.252, 同書, 220頁）活動もみられるようになる、とされている。こうした活動の例として、ワロンは、子ども同士が「近寄ったり」、物を「交換する」といった活動などいくつかの具体例を挙げている（cf., ibid., 同書, 221頁参照）。しかし、ワロンによって「おぎない合うような」と呼ばれている子ども同士の関係は、多くの場合「感情的状態」（ibid., p.254, 同書, 222頁）に還元されてしまう。そのため、ワロンにおいては、おぎない合う活動における子どもの感受性の豊かさに関してはさほど記述がなく、自己と他者との感情の共有や混同という意味での癒合的社会性が主として語られることになる。

　しかし、以下で子どもの現実の他者関係に定位することにより明らかとなるが、感情の共有や混同といったことは、日常的な子育てや育児においてはさほど多くは生じていない。それにもかかわらず、子どもがおとなの働きかけによって大きな影響を受けるのは、以下で明らかにするように、彼らの感受性が豊かだからである。こうしたことから次節では、特に新生児に焦点を当てて、子どもの感受性がどのような在り方によって支えられているか、ということを探る。この課題を遂行するために、まず1では、ワロンの見解とは異なり、日常的な子育てにおいては、子どもの感情とおとなの感情は異なっていることの方がかなり多い、ということを示す。そのうえで2では、子どもの感受性の豊かさが彼らのどのような在り方によって支えられているかを明らかにする。

第3節　新生児の感受性の豊かさ

1　子どもとおとなの感情の相違

　身近な周囲のおとなとのあいだで感情の共有や混同が子どもに生じていると
しているワロン自身が述べているように、誕生後しばらくのあいだの「新生児」
は、「眠っていない時には、泣いていなければ母乳を吸っている」か、「母乳を
吸っていなければ消化しているし、また、空腹になると泣く」（Wallon, 1949,
p.33, 38頁）、といった在り方をしている。そうである以上、例えば、母乳を呑
んでいる時の乳児は授乳している母親の感情を取り込んでいるわけではないは
ずである。また、乳児が空腹で泣いている時や消化している時には、その側に
いる母親は、必ずしも空腹でもなければ、泣いているわけでもないはずである。
　それどころか、子どもの感情が親の感情を取り込みそれと同化するというこ
とは、通常の親子関係においては、さほど多く生じているわけではない。例え
ば、授乳時において典型的となるように、授乳がうまくいっている時の母親は、
自分自身の空腹が満たされることによってではなく、子どもの空腹が満たされ
ることによって安心したり、喜びを感じることが多い。あるいは、子どもが泣
き叫んでいる時の親は、泣き叫んでいる子どもと同様の感情状態にあるのでは
なく、子どもが泣き叫んでいることが親にとっては辛いのである。
　こうした時には、シェーラーのいうように、一方の「感情状態は……他方の
感情状態とはまったく別の仕方で与えられている」（Scheler, 1974, S.52, 87頁）。
というのも、子どもと関わっている時のおとなにとっては。多くの場合、自分
の心身の状態によってではなく、子どもの心身の状態や子どものおかれている
状況によって、自分の感情や気分が大きな影響を受けるからである。それゆえ、
通常の子育てにおいては、おとなの感情は、そもそも子どもの感情とは異なっ
ていることの方がはるかに多いのである。また、両者の感情だけではなく、想
いや志向も異なっており、しかも両者の心身の状態や両者のおかれている状況
も異なっている。そのため、通常の親子関係においては、ワロンのいうような
仕方で子どもの感情と親の感情とが混同されているということは、さほどしば
しば生じてはいない。

　しかし、ここで考慮しなければならないのは、経験的にもよく知られている
ように、母子間においては独特の作用の及ぼし合いが生じている、ということ
である。

　こうしたことが生じている時の親子の在り方こそが、相互主観性の現象学が
いうところの共存や一体化や結合や融合といったことなどや、ワロンにおける
癒合的社会性といったことの内実となっているはずである。それゆえ、こうし
た時の両者の在り方こそが、経験科学の観点からの相互主観性の現象学の捉え
直しを可能にしてくれるはずである。そして、両者のこうした関係を支えてい
るのが、以下で明らかにするように、乳幼児の感受性の豊かさなのである。

　そもそも、親や保育者といったおとなの感情や在り方が、当のおとな自身に
は気づかれないまま、子どもの感情や在り方に対して大きな影響を与えるとい
うことは、子育てや保育の現場ではよく知られている。例えば、おとなが気持
ちのうえで余裕がなかったり、イライラしたり、疲れている時などに子どもに
接すると、子どもは、そうではない時とは異なる感情や在り方に陥ってしまう
ことも、ほぼ常識とさえなっている。しかし、たとえそうであるとしても、こ
うした時のおとなの感情と子どもの感情とは混同されてもいなければ、両者の
あいだで感情的同化が生じているわけでもない。おとなの感情によって子ども
が大きな影響を受けるのは、以下に述べるような子どもの感受性の豊かさによ
って、子どもが親などの他者を含めた外の世界と一体となっているからである。

　そこで、外の世界の状況と一体となっていることに基づく子どもの感受性の
豊かさを解明するために、外の世界の状況と人間の身体における内的状態とが
分離されることなく一体となっているという意味での非差異性についてのヘル
トの思索に依拠したい。

2　外的状況と内的状態との非差異性

　自分の周りの外の世界の状況と子どもの内的状態とが区別されることなく一
体となっている時の子どもの在り方について探るために、乳児がお湯につかっ
ている時の彼らの状態がどのようなことであるかを探ることから始めるのが、
以下で明らかにするように、乳幼児にそなわる感受性の豊かさの根拠に導いて

くれるはずである。

　ワロンは、「入浴湯の温かさは、歓びを表わす興奮を〔乳児に〕引き起こす」（Wallon, 1949, p.48, 49頁）が、こうした仕方で「活気づけられた反応」は「拡散的な〔＝複数の感覚間の区別のない〕、あるいは生理的機能の反応」（ibid., p.49, 同所）でしかない、としている。そのためワロンにおいては、外の世界と乳児とのあいだでの交流が認められておらず、こうした時の乳児の活動は身体の生理的な反応でしかない、とされていることになる。しかし、ワロンの一つ目の引用文からは、我々にとっての外の世界の現われがどのようなことであるかが、明らかになる。

　我々にとっては、お湯が、温かさや流体に特徴的な滑らかさといった様々な規定をそなえているところの、広い意味での物として捉えられている。例えば、テーブルの表面は、白くて硬くてすべすべしているといった属性をそなえている。そのため、テーブルは、外の世界内に我々とは独立して存在している一個の客体であり、それについて何らかの仕方で文章化されると主語として、白くて硬くてすべすべしているという述語をその客体の規定としてそなえているような物とみなされている。まったく同様に、お湯も、温かくて滑らかで透明であるといった様々な規定をそなえた一個の独立した客体であると、つまり広い意味での物である、と我々はみなしている。しかし、お湯につかっている新生児にとっても、お湯は我々と同様の仕方で物として捉えられているのか、ということを探ってみたい。

　ヘルトによれば、古代ギリシア時代には、我々にとっては当たり前となっているところの、上述したような様々な属性を規定としてそなえているとみなされているような物の概念がなかった、とされる。ヘルトは、風を例として、当時のギリシア人にとっては、属性としての諸規定性の担い手という意味での風という客体としての物がまずあり、それが時には温かな風として、あるいは冷たい風として我々に知覚れるのではなく、温かさや冷たさ自体が知覚されていた、という。つまり、「冷たさが、あるいは、温かさが、〔人間に〕現われ」てきて（Held, 1980, S.112, 246頁）、それが我々に直接知覚される、とされる。すると、この時には、冷たさや温かさ自体の現われは、それを知覚しながら経験している人間の冷たかったり温かいといった身体の状態と一体となっている。

すなわち、冷たい、あるいは暖かい「環境をなしている」外の世界の「状況」
（a.a.O., S.111, 同所）としての風の現われと、それを経験しているそのつどの
「現在」における人間の「生にとって有益か、それとも有害であるか」（ebd.,
同所）といった内的状態とは相互に切り離されていない。こうした事態をヘル
トは非差異性と呼び、次のように述べている。

　現われとそれを経験する人間とのあいだに「非差異性（Indifferenz）」（a.a.O.,
S.113, 同所）が成立している時には、「その人間にとって、〔そのつど〕冷たさか、
あるいは温かさが現われてくるかは、……その人間に応じている」（a.a.O.,
S.112, 同所）、と。例えば、暖かい部屋から外に出た時と、寒い部屋から外に
出た時とでは、外が同じ気温であっても、外は、寒く、あるいは温かく現われ
てくる。そのため、これらの現われはそれを経験している人間に応じているこ
とになる。しかしさらには、こうした仕方で現われてくる自分の周りの世界の
外的状況とその世界内に存在している個々の人間である私の内的状態とのあい
だでの差異のない一体性においては、その人間の心地良さや心地悪さが、先ほ
ど引用したように、人間が生きていくうえで有益であったり、有害であったり
という仕方で、生じているのである。こうしたことからヘルトは、冷たさや温
かさとして「現われてくるところの〔当の人間にとっての外の〕状況自体が
……〔その人間の〕前に控えていることである」（a.a.O., S.114, 同書, 247頁）、
という結論を導きだしている。

　ヘルトによる非差異性についての以上の思索に依拠するならば、外的状況と
内的状態との一致という事態は、乳幼児の場合には、次のように捉えることが
できる。

　内的状態として、お湯のなかで新生児が感じている心地良さや、抱かれ方の
不適切さ等から生じる身体的不快感は、少なくとも乳児自身にとってのその感
覚のされ方に着目すれば、自分の周りの外的状況との一致として生じている、
といえることになる。そのため、新生児にとってのそのつどの状況の現われは、
彼が感じている心地よさや心地悪さと一体になっていることになる。例えば入
浴の際の温かくて滑らかな外的状況としての〔お湯の〕現われは、彼らの内的
状態である心地良さと一体となっている。また、おとなに抱かれている際の抱
かれ方の不適切さの現われと彼らの不快感とのあいだの一致は、ヘルトにおけ

る非差異性という事態と同様の事態である、とみなせる。そして、こうした一致こそが、発達心理学がいうところの乳幼児における母子未分化の、あるいはワロンによって記述されているところの乳幼児の癒合的社会性の現象学からみた内実である、と考えられる。

　例えば、我々おとなでも、現代のようにエアコンが普及していなかった時代に、夜中になかなか寝つけない時には、夜風にあたることによって眠気を誘ってもらう、ということがあった。こうした時に生じているのも、周りの外的状況と人間の内的状態とのあいだの一致の、すなわち非差異性の具体例である。同様のことからであろうが、かつての子育てにおいて、乳児が夜泣きをし、なかなか泣きやまない時などには、母親が、家の外で外気に触れさせながら乳児をあやすことによって夜泣きをとめる、といったことがあった。こうした経験知からも窺われることは、ワロンの主張や我々の常識とは異なり、乳児は、他者を含んだ外の世界の変化にかなり敏感に対応している、ということである。そして、こうした時にも、我々おとなからみると、我々自身や乳児にとっては夜風が心地良さという属性をそなえていると、つまり、夜風という物が心地良いと常識的に捉えられているとしても、乳児自身にとってはそうではないことになる。つまり、こうした時には、乳児にとって、〔夜風として〕眠気を誘ってくれる外的状況と我々自身や乳児にとっての内的状態の心地良いこととが一体的に生起しており、両者は非差異性の状態にある、ということになる。

　同様のことは、例えば幼児を抱いている時のように、彼らとおとなとが身体的に密接に接触している時にも生じている。こうした時の両者の身体は、まさに本章第1節の1で明らかにしたように、両者の身体が間身体性の一つの有機的器官として、併合し合っていることになる。というのは、授乳時に典型的なように、母子の身体が乳児にとって間身体性の一つの有機的器官として機能している時には、両者の身体が接触している部分に生じている触感覚は一体となっており、両者の感じている感覚は非差異性の状態となっているからである。例えば、安定して母乳を呑んでいる乳児の頬と母親の乳房が直接接触している時には、接触している両者の身体部分では、身体で感じているお互いのぬくもりや肌の滑らかな感触は切り離されることなく一体となっており、ヘルトがいうところの非差異性の状態となっている。

　さらには、立ってあやしながら乳児を抱いている時には落ち着いていた乳児
が、椅子に座ってあやし始めると泣きだしてしまう、といったことも育児の現
場ではよく知られていることである。このことは、おとなに抱かれている時に
は、おとなにはどこがどう異なるのかがわからない抱き方やあやし方の微妙な
違いをも、乳児の方が、我々おとなよりもはるかに敏感に、そのつどの抱かれ
心地の良し悪しとして捉えていることになる。

　以上で探ったように、外の世界と一体的に生きてきた乳児も、人見知りがで
てくる生後 6 カ月頃以後になると、母親と父親との違いを区別できるようにな
る。例えば、機嫌が良い時には、乳児は、父親に抱かれてあやされると歓ぶが、
機嫌が悪くなって泣きだしてしまうと、多くの場合、母親でなければこうした
乳児に対処できなくなるようになる。それどころか、周りに見知らぬ人が大勢
いたり、慣れていない場所では、母親しか対処できなくなる、といったことも
しばしば生じるようになる。これらのことから明らかになるのは、この時期の
乳児が、外の世界と自分に関わってくる人間とが一体となった外的状況の微妙
な変化をかなり敏感に感知している、ということである。というのは、ヘルト
における非差異性についての捉え方を超えて、メルロ−ポンティのいうように、
「幼児は、はじめのうちは、内受容性によって彼に与えられるもの〔＝内的状
態〕と、外的知覚によって彼に与えられるもの〔＝外的状況〕とを絶対的に区
別していない」（Merleau-Ponty, 1962, p.39, 159頁）からである。すなわち、こ
の時期の乳児にとっては、「内受容性に与えられている」ところの自分の身体
で生じていることと、「視覚に与えられているものとのあいだには未分化〔な
状態〕がある」（ibid., 同所）からである。乳児は、自分の眼を介して視覚され
ている周りの状況や「他者の身体のなか〔で生じていること〕にも自分自身の
身体を感じている」（ibid., 同所）ため、乳児の内的状態は視覚的に知覚されて
いる自分の周りの外的状況と一体となっている。そのため、そこにどのような
人間がいるのか、例えば母親しかいないのか、それとも多くの見知らぬ人間が
いるのかに応じて、乳児は異なる在り方をしてしまうことになる。母親といっ
た親密な他者との関わりを日常的に体験している乳児は、触覚的にだけではな
く、視覚的にも母親の身体と一体となった自分の在り方を敏感に感じているの
である。

　以上で明らかにしたようなヘルトがいうところの非差異性の状態やメルロ－ポンティがいうところの未分化な状態が親子のあいだで生じるためには、両者の身体は、間身体性の一つの有機的器官として、例えば授乳という共通の目的に向かって相互に調和した仕方で機能していなければならないはずである。もしもそうでなければ、母親はうまく授乳ができないといった、母親の生にとって有害な状況が生みだされてしまう。同様にして、この時の乳児にとっての母親の身体を含めた外的状況も、乳児の生にとって有害なものとなってしまう。そうではなく、授乳を含め、母子のあいだで営まれる非差異性の状態や未分化な状態が両者の生にとって有益なものとなるためには、両者の身体は共通の目的へと向かって一つの身体として調和した仕方で展開していかなければならないのである。

　するとこの時には、本章第1節の1で引用したように、フッサールがいうところの、他方の感覚でもって自分も感覚している、ということが生じていることになる。すなわち、母親は自分自身の感覚でもって自己の身体上の感覚を経験していると同時に、乳児の身体上で生じている感覚でもっても経験している。同様にして、乳児も彼の感覚でもってのみ経験しているのではなく、母親の感覚でもって経験していることになる。それゆえこの時の両者の意識は統一されているため、まさに自他の共存が成り立っていることにもなるのである。

　すると、誕生後しばらくのあいだ乳児は、すでにワロンを引用しながら記述したところの、眠っているか、泣いていなければ母乳を吸っているか、母乳を吸っていなければ消化しているし、また空腹になると泣くといった在り方だけをしているのではないことになる。さらに乳児は、落ち着いて心地良く抱かれていたり授乳されている時には、親の身体とのあいだで非差異性や未分化な状態を生きてもいることになるはずである。

　しかし、こうした落ち着いた状態で乳児が非差異性の状態を生きられるのは、授乳時を含め、親が子どもを安定した仕方で抱くといった、親の側にかなり微妙な身体能力が発揮されているからである。というのは、経験的にもよく知られていることだが、特に第一子を出産した親にとっては、いまだ首もすわっておらず、自分から心地良い身体の姿勢を取ることのできない新生児との身体的な関わりを両者の生にとって有益な仕方で展開させることが非常に困難だから

である。分娩直後の新生児を安定した仕方で抱きながら授乳させることも、第一子を産んだ直後の母親にとっては非常に困難なことであり、母親にはこうした行為を身につけることがまず求められるのである。

　しかし、子どもにとって有益な外的状況を生みだすことが親に求められるからといって、親の側からなされる子どもへの関わり方が、親を含めた外的状況と子どもの内的状態とのあいだでの安定した非差異性や未分化な状態を一方的に引きだしているのではない。たしかに、生後間もない乳児は、いまだ首もすわっておらず、そのため自身の身体を能動的に動かしたり、自分にとって心地良い姿勢を取ることができないため、そうした乳児にとって外界の状況との非差異性や未分化な状態を保証するためには、親が乳児に対して適切な仕方で身体的に接することが求められる。しかし、分娩後にすぐに可能となるような授乳行為でさえ、母親が一方的に乳児に母乳を呑ませることによって実現するのでは決してないのである。

　そこで次節では、親と子どもが直接身体活動を介して関わっている時に両者のあいだで生じていることについて、おぎない合う呼応という観点に即して、探ることにする。

第4節　おぎない合う呼応

　親と子どもとのあいだで身体的な関わりが両者にとって好ましい仕方で生じるためには、親の身体的な働きかけに対して、子どもの方からも適切な仕方で対応してくれなければならない。例えば、授乳行為が実現されるためには、当然のことながら、子どもが母乳を呑んでくれなければならない。すると、母親の授乳行為は、母乳を呑むという子どもの行為によって実現されていることになる。このことは、母乳を呑んでくれるという子どもの行為によっておぎなわれることにより、母親の授乳行為が実現にもたらされている、ということを意味している。こうしたことは、子どもの唇が母親の乳房に触れると、乳首を求めてそれを口に含むという、口唇探索活動において、より明確になる。というのは、この時には、母親が子どもの口に乳首を含ませることによってではなく、自ら乳首を探してそれを口に含むという子どもの行為によって授乳が実現され

るからである。そのため、この時の授乳行為は子どもの活動によっておぎなわれなければ実現されないことになる。

　たしかに、発達心理学においては、分娩直後から可能になるところの、母親によってなされる授乳行為は、新生児に生得的にそなわっている吸引反射や口唇探索反射によって可能になる、とされている。しかし、こうした生得的な反射でさえ、乳児がいかなる状態にあっても生じるのではなく、母親によって安定した仕方で乳児が抱かれていなければ生じない。本章の言葉でこのことをいいかえれば、次のようになる。すなわち、授乳が実現されるためには、乳児と母親の身体のあいだで非差異性や未分化な状態が両者の間身体性の一つの有機的器官を介して生じていなければならない、と。それゆえ、授乳行為は、乳児の身体を適切な仕方で抱いている母親の行為と、母乳を吸引したり、乳首を探索している乳児との共同作業の成果による、ということになる。

　すると、こうした共同作業によって授乳が可能になるということは、適切な仕方で乳児を抱いたり乳首を乳児の口に含ませるという母親の行為が、授乳のために必要な乳児の生得的な反射を引きだしている、ということになる。それゆえ、吸引反射や口唇探索反射は、たとえ新生児に生得的にあらかじめそなわっているとしても、それら生得的な反射は、母親からの適切な身体的働きかけがなされなければ発揮されることなく、潜在的能力のままに留まるだけであり、母乳を呑むという現実の行為には至らないままとなる。

　それゆえ、こうした生得的な反射は、母親の適切な身体行為がなされるまでは、いまだ潜在的能力のままに留まっており、こうした潜在的能力が、母親からの適切な身体的働きかけによって顕在的に発揮される、といった捉え方が可能となるはずである。以上のことをいいかえれば、母親による授乳行為は、それまでは潜在的であった乳児の能力が母親との共同作業によって顕在化されることによって、実際に実現される、ということになるはずである。

　以上のことからは、たとえ母親が授乳のために必要な身体能力を身につけたとしても、その能力を母親自身が実現するためには、子どもの側からなされる潜在的能力の発揮を根拠にせざるをえない、ということが導かれる。それどころか、母親の乳房の張りに伴なう身体的な不快感や違和感といった母親の生にとって有害な内的状態は、母乳を呑んでくれる子どものおかげでしずめられ、

その結果母親の内的状態は彼女の生にとって有益なものになる、ということにもなるのである。

　しかもこうした時には多くの場合、母親は笑顔で何らかの言葉をかけながら乳児に授乳するであろうし、乳児はそうした呼びかけを伴なう母親の授乳行為に応えるかのように母乳を呑むことになる。あるいは、乳首を求める乳児の動きに応じて、母親が抱き方を変えたり、乳房の位置をわずかに動かす、といった母親からのおぎないの行為も生じるであろう。すると、こうしたおぎないが両者のあいだで生じているならば、その時には、広い意味での呼びかけの行為に応ずるという仕方でのおぎない合いが両者のあいだで生じていることになる。

　以上のことからすると、一方では、たしかに子どもが生きていくためには親からの子育てや育児が欠かせないとしても、他方で同時に、親の側からなされる子育てや育児がうまくいくかどうかの根拠は、子どもの潜在的能力にあることになる。すなわち、両者はお互いに他方の活動をおぎない合わなければならない、ということになるのである。

　そこで、こうした仕方で二人の人間のあいだで他方の呼びかけに対応しながら相互におぎない合っている時の両者の在り方をおぎない合う呼応と呼ぶことにしたい。そのうえで、この言葉を使うと、授乳がうまくいっている時の乳児と母親とのあいだではおぎない合う呼応が生じている、ということができる。

　それどころか、授乳がうまくいっている時に限らず、例えば離乳食を幼児に食べさせている際に、親が差しだすスプーンに盛られた離乳食を幼児の方から口を近づけて口に含んで呑み込むといった時にも、両者のあいだではおぎない合う呼応が生じている。さらには、幼児とおとながお互いに協力し合って身体的に関わっている時にも、両者は他方がうまく身体を使えるようにとお互いの身体を調節し合っているため、おぎない合う呼応が生じている。あるいは、自分の身体の姿勢を調整できるようになった子どもをおとなが抱いている時にも、おとなは、子どもが心地良く抱かれるようにと抱き方を調節していると同時に、子どもの方も、おとなが楽に抱けるようにと、やはり自分の抱かれ方を調整しているのである。それゆえこうした時にも、子どもを抱いているおとなと抱かれている子どもとのあいだでは、おぎない合う呼応が生じている。それどころか、日常的にも、二人の人間がお互いに他方の身体の動きを配慮し合っている

時には、常におぎない合う呼応が生じているのである。

　しかも、こうしたおぎない合う呼応が乳児と母親とのあいだで生じているということは、両者がそのつどの行為の実現を共同の目的としていることをも意味しているはずである。すると、この時の両者の身体は、すでにメルロ－ポンティと共に探ったように、間身体性の一つの有機的器官として機能していることにもなる。しかもこの時の両者の身体は、間身体性の一つの有機的器官として機能しているために、互いに併合し合っており、両者の意識も共存していることにもなるのである。

　親と子どもとのあいだで以上で明らかにしたおぎない合う呼応が生じていることによって、両者の意識が共存しているならば、こうした呼応や共存を可能ならしめているのはいかなる事態なのだろうか。次節ではこのことについて明らかにする。その結果、フッサールの相互主観性の現象学において他者経験のアプリオリな根拠とみなされているところの原子どもとは、現実に生きられている乳児のことである、ということを導きたい。そのうえで、こうした乳児に誕生時にすでにそなわっている潜在的能力が親とのあいだでなされるおぎない合う呼応によって顕在化される、ということを明らかにする。このことにより、他者経験のアプリオリな根拠は、現実に生きられている乳児にそなわっている潜在的能力にある、ということを導く。

第5節　他者経験の根拠としての乳幼児の潜在的能力

1　新生児における潜在的能力

　おぎない合う呼応についての以上の解明の結果からすると、相互主観性の現象学やワロンの発達心理学にとって改めて問題とすべきことは、次のことである、ということが導かれる。すなわち、先ほど述べたように、母親からなされる授乳行為を実現させているのが、誕生時にすでにそなわっている乳児の潜在的能力の発揮にある以上、こうした潜在的能力を生得的に、現象学の言葉を使えば、アプリオリにそなえている新生児はどのような在り方をしているか、ということを解明しなければならないはずである。この課題を、本章第1節の1

で引用したフッサールの言葉でいいかえれば、次のようになる。すなわち、生き生きとはしていない目覚める前の自我はすでに両親をもっているとされているところの原子どもは、現実の母子関係の観点から捉え直すと、どのような在り方をしているのか、ということを解明しなければならない、と。というのは、現実の母子関係の観点からすれば、新生児にアプリオリにそなわっている潜在的能力が発揮されて母子間で両者の意識が統一され、共存が成り立つのは、先ほど明らかにしたように、両者のあいだでおぎない合う呼応が展開することによってである限り、こうしたおぎない合う呼応が展開している際の新生児の在り方を解明することが哲学としての現象学に求められるからである。

　先自我としての子どもの自我もそうであるとみなされているところの、目覚める前のまどろみの状態にある時の自我の在り方に関し、小川は、哲学としての現象学の立場から、「まどろみの内にある……先コギトの次元」を「自我の能動性の最低層」とみなしている（小川, 1979.6, 114頁）。それゆえ小川においても、まどろみの内にある先コギトの次元が、そのうえで遂行されるすべての自我の能動性の「可能性の制約」（同所）となっていると、本章の言葉を使えば、アプリオリな根拠となっている、とみなされている。すると、小川によって記述されているところの、まどろみの内にある先コギトの次元を乳幼児の自我に敷衍すれば、まどろんでいる乳児の自我も、以後の成長を介して獲得される能動的活動のアプリオリな根拠となっていることになる。このことを先に引用したフッサールの記述と絡み合わせながら乳幼児の他者関係に当てはめれば、次のようになるであろう。すなわち、まどろんでいるがゆえに先自我の状態にある新生児の自我は、以後の成長によって子どもの能動性を介して顕在化される他者関係の根拠を潜在的能力としてすでにそなえている、と。

　しかも小川は、特に「触感覚に於いてこそ感覚と運動感覚機能……がもっとも緊密に統合される」（同書, 115頁）ため、その時には、「触覚的な物の現出と触れるという身体機能とが直接に触れあい、覆い合う」（同書, 116頁）、という。すると小川においても、何かに触れることとそのものに触れられるということとのあいだには「同時的な生起」（同書, 117頁）が生じている、とみなされていることになる。このことからすると、小川がいうところの、触感覚においては身体上に生じる感覚と、その感覚に基づいて自分の身体を動かすこととが統

合されているということは、あるいは何かに触れることは同時にその何かに触れられるということは、まさに授乳時における母親と乳児とのあいだで営まれている両者の共同作業においても生じていることになるはずである。

　小川に依拠することによって以上のような仕方で明らかにされたことを、すでに本章第1節の1で引用したところのメルロ－ポンティの言葉でいいかえれば、次のようになるであろう。すなわち、母乳を呑ませたいという母親の志向は、母乳を呑み込むという潜在的能力をそなえた乳児の身体を通して働いていると同時に、口に含まされた母親の乳首から母乳を呑み込もうとする乳児の身体は、己の口に含まされた乳首という母親の身体によって働かされている、と。それゆえこの時の両者は、こうした仕方で共存している、と。そして、このことこそが、ワロンがいうところの癒合的社会性が乳児と母親とのあいだで生じている、ということの本来の内実となっているはずである。

　以上のことが授乳の際に母子間で生じている以上、フッサールがいうところの原子どもの自我の在り方は、ここまで記述してきた経験科学の観点からすると、おぎない合う呼応が生じている時の母子の共存や融合という在り方を内実としている、ということが導かれるはずである。そして、こうしたおぎない合う呼応こそが、哲学としての相互主観性の現象学が明証性もって捉えられなかったのとは対照的に、現実に授乳している母親によって明証的に体験されている他者関係でもあることになる。

　すると、ここにおいて、本章の課題とされたところの他者関係の解明によって、経験科学の観点から哲学としての現象学を捉え直すことがなされたことになる。すなわち、哲学としての相互主観性の現象学が他者経験のアプリオリな根拠とみなしたところの先自我の状態にある原子どもとは、現実に生きられている乳児のことであり、乳児は、誕生時においてすでに間身体性の一つの有機的器官として母親を典型とした他者と共存するための潜在的能力をそなえている、ということが明らかにされたことになる。すると、自分の身体が他者の身体とのあいだで間身体性の一つの有機的器官として機能しうるための根拠や、他者と共存するための根拠は、誕生時にすでにそなわっている乳児の潜在的能力にある、ということが導かれたことになる。そして、こうした潜在的能力は、例えば授乳時における母子のあいだで営まれるおぎない合う呼応によって顕在

化される。しかも、この時の両者の他者関係は、実際に乳児と身体を介して関わり合っている時の母親にとっては、明証的に体験されているはずである。

　例えば授乳がうまくいっている時や、親が自分にとっても楽な状態で子どもを抱いており、子どもも心地良い状態で抱かれている時や、添い寝をしながら子どもを寝かしつけようとしている時に典型的なように、親と子どもが穏やかな感情に浸りながら身体的に接触している時には、次のようなことが生じている。上述したように、母乳を呑ませたいという母親の志向は、母乳を穏やかに呑んでいる子どもの身体によって実現されている。と同時に、母乳を無心に呑み続けるという子どもの志向は、優しく抱きながら柔らかい手触りを伴なった穏やかな仕方で子どもの背中をトントンと叩きながら母乳を呑ませている母親の身体によって実現されている。すると、この時には、本章第1節の1で引用したように、一方の志向が他方の身体を通して働くといった、まさにメルロ−ポンティがいうところの、前交流が両者のあいだで生じていることになる。そのため、両者の身体は、あたかも一つの身体であるかのような仕方で、間身体性という一つの有機的器官として機能している、といえる。

　しかし、おとなが子どもを何とかして寝かそうとしても、なかなか寝入ってくれず、そのことが親の想いを強めることによって、むしろ逆効果になってしまうことがよくある。そうなってしまうのは、子どもを寝かしつけようという想いが強くなることによって、おとなは穏やかな感情を抱くことが妨げられ、穏やかな感情を共有するという仕方での子どもとの浸透的な融合や共存を生きることができなくなるからである。

　他方、子どもを無理に寝かしつけることを諦め、子どもに添い寝をしながら、穏やかに子どもの背中を無心にトントンと叩き続けたり、おとな自身もついウトウトしだすと、子どもがいつの間にか寝入ってしまう、ということがしばしば生じる。というのは、こうした時には、おとな自身のウトウトした在り方が、まさに子どもとのあいだで浸透的に融合し合うからである。さらにまた、ウトウトしているおとなの感情が、ワロンのいうように、子どもの感情に取り込まれ、それとの同化が生じている、ということにもなる。

　以上のことからすると、おぎない合う呼応が子どもとおとなとのあいだでうまく展開している場合には、両者は融合や共存といった在り方をしている、と

いえる。

　しかし、さきほど探ったように、こうしたおとなの側からの微妙な身体能力に支えられたうえでの子どもとの身体的な関わり方の調整とこの調整に基づく子どもの側からのおぎないを通して、おとながかなり楽に子どもを抱けるようになり、また、子どもの方でも、成長に伴ないしだいに自分の姿勢を維持したり調整できるようになるにつれて、両者の関係は、以下で述べるように、相手の行為をお互いにおぎない合うような仕方で容易に呼応し合う関係へと移行していく。

2　おぎない合う呼応における自他の共存と間身体性

　分娩後しばらくのあいだ、親の微妙な身体能力を新たに必要とする子どもへの身体的な働きかけが日常的に繰り返されることに伴ない、多くの場合、親の側もそのつどさほど意識することなく子どもの側からのおぎないをうまく引きだせるようになる。そうなると、子どもとの身体的な関係もしだいに安定したものとなっていく。このことは、親の側からの働きかけによって、子どもの側からのある程度安定したおぎない合う活動を引きだすことが親にうまくできるようになる、ということを意味している。すなわち、親の側に子育てのいわゆる慣れが形成されることと、子どもの側でもこの慣れに応じたおぎない合う活動が定着することとが同時に生じるようになる。こうして、子どもの側からの安定したおぎない合う呼応によって、両者の関係が共に好ましい状態へと移行するようになる。

　しかも、こうした移行には通常子どもの成長が伴なうため、例えば子どもが抱かれている時に少しのあいだ首をまっすぐに維持できるようになると、子どもは、自分の身体姿勢をある程度調整できたり、自分から身体的な動きを能動的にみせるようになる。例えば、子どもの頬に乳房が触れると、新生児に特有の口唇探索反射とは明らかに異なった仕方で、子どもの身体は乳首を探し求めるようになる。すると、それ以前には親の側に一方的に求められていた微妙な身体能力を伴なうことなく、子どもの身体のわずかな動きに親は的確に対応できるような身体活動によって、両者の身体はより容易に間身体性という一つの

有機的器官として機能するようになる。例えば、新生児の時期の授乳においては、子どもを抱く時だけではなく、乳首を子どもの唇に含ませる際にも、かなりの慎重さを伴なった微妙な身体能力が母親に必要であった。しかし、この頃になると、乳首を求める子どものわずかな動きに応じて母親が自分の乳房の位置をわずかに変えるだけで、授乳が容易にうまくいくようになる。

　このように、自分の姿勢の維持とその変化が子どもにとって可能になると、それまでとは異なり、母親の身体的な働きかけは、子どもの身体活動によっておぎなわれることを介して、実現されるようになるだけではない。さらには、子どもの身体のわずかな変化に適切に応じるような仕方で子どもの行為を親がおぎなうことを介して、両者の身体はお互いにとってより好ましい方向へと容易に展開していくようになる。すなわち、両者の身体はお互いにおぎない合うように呼応することによって、他方の在り方を己の在り方の根拠とし合うようになるのである。

　このことは、子どもの方から親に抱きつくことができるようになった時に典型的に明らかになる。というのは、抱かれている時の姿勢を自分の方から変えられるようになった子どもをおとなが抱く時には、両者のあいだでは、次のような仕方で、両者の身体はお互いに他方の身体と一体となっているからである。すなわち、自分の身体活動は相手の身体活動によっておぎなわれていることをそれとなく感じ合いながら、相手の活動をお互いにおぎない合う、という両者による呼応のし合いが、次のような仕方で展開するようになるからである。

　おとなが子どもを抱く際に、子どもの動きに一方的に従うような仕方で、すなわち子どもが抱きついてくる時の身体の動きや姿勢の変化に追従するような仕方で自分の抱き方を変えるだけでは、おとなは子どもを楽に抱くことができない。そうではなく、結果として、子どもが心地良く抱かれ続けるような姿勢へと、子どもの抱かれ方や姿勢の変化をいわば先取りするかのような仕方で抱くことが、おとなに求められる。このことは、間身体性の観点からは、次のようにいいかえられる。抱かれ方を自分で変えられるようになることにより、心地良く抱かれようという子どもの志向は、子どもを楽に抱こうとする志向を実現するための親の身体活動の変化を通して実現される、と。

　他方、自分の身体的な動きをおとなの抱き方に一方的に従わせることによっ

ては、子どもは心地良く抱かれることができない。子どもの方でも、結果として、抱いているおとなが楽に抱けるような姿勢をいわば先取りするような仕方で、抱いているおとなの身体的な変化に心地良く対応できるようにと、自分の抱かれ方を変えていかなければならない。例えば、抱かれ方をより心地良い状態にしようとして、子どもは自分から両手と両足をおとなの胴体に巻きつけようとする。こうしたことも、間身体性の観点からは、次のようにいいかえられる。子どもを楽に抱きたいという親の志向は、心地良く抱かれたいという子どもの志向を実現するような子どもの抱かれ方の変化を通して実現される、と。

　こうしたことが子どもとおとなとのあいだで生じている時には、両者は、結果としてお互いが楽に抱ける－心地良く抱かれるという同じ一つの目的へと向かって、自分の身体の動きを相手の身体の動きに呼応させながら、相手の動きをおぎなっている。しかも、おとなにとって抱き方が楽になったり、子どもにとって抱かれ方が心地良くなるのは、相手の身体の動きを自分の身体の動きに併合しながらも、自分の身体の動きが相手の身体の動きに併合されているからである。こうしたことが生じることによって、メルロ－ポンティがいうところの、二人の身体が間身体性という一つの有機的器官として機能するようにと、抱く－抱かれるという調和した一つの出来事が展開していくことになる。

　するとこの時には、すでに引用したフッサールがいうところの、私がしていることは、私とは異なる他者がしていることを自分のなかに包み込むことになるし、また逆に、私とは異なる他者がしていることに私のしていることが包み込まれることになるという仕方での、自他の意識の統一や共存が生じていることになるのである。しかもこの時には、ブランケンブルクがいうところの違和感と疎外感が相互に依存し合っているのと同様のことが生じているのではない。むしろ、両者の身体が間身体性の一つの有機的器官として機能している以上、両者の身体は、違和感と疎外感とのあいだの相互依存とは異なり、お互いに排斥し合うのではなく、一体的な行為を成り立たせてもいることになる。

　こうした時には、子どももおとなも、共に相手の志向を自分の志向として共通の目的を実現しようと、お互いに相手の行為をおぎない合っている。そのため、メルロ－ポンティがいうところの、例えば子育てする者と子育てされる者といった「お互いの役割を絶対的に区別することのない」まま、両者の志向が

共に向かっている共通の目標の浸透し合いであるところの、「〔相互〕浸蝕」
(Merleau-Ponty, 1962, p.59, 191頁）が生じていることになる。すなわち、両者
は、すでに引用したメルロ‐ポンティのいうように、自分と他者とが、両者に
とって共有されている状況のなかへと融け合っているような未分化な状態で互
いに他方の身体へと侵蝕し合っていることに、それゆえ相互主観性の現象学が
いうところの自他の融合や共存という在り方をしていることになる。

おわりに　経験科学による哲学としての現象学の捉え直し

　以上のことから、ワロンにおいて癒合的社会性の特質とされている感情的同
化や相互主観性の現象学における一体化や融合や共存や意識の統一や間身体性
といった事態は、子どもの在り方にアプリオリにそなわっている潜在的能力の
開花を根拠としている、ということが明らかになった。また、これらの事態は、
子どもとおとなが相手の行為や在り方をお互いにおぎない合いながら呼応し合
っていることである、ということも明らかとなった。
　以上のことが明らかとなることにより、本章では、経験科学の観点から迫る
ことによって、哲学としての現象学の存立の根拠を改めて問い直すことができ
たのではないだろうか。すなわち、こうした根拠は、親とのあいだで間身体性
の一つの有機的器官として乳児の身体が機能することを介して、新生児にあら
かじめそなわっている潜在的能力が発揮されることに求められる、ということ
が明らかにされたはずである。このことを現象学の観点からいいかえれば、次
のようになるであろう。すなわち、フッサールによって想定されているところ
の、すでに親を内在しているとされる原子どもとは、本章の言葉を使えば、授
乳時に典型的となるところの、母親とのあいだでのおぎない合う呼応を可能に
するような潜在的能力をそなえて生まれてくる新生児のことである、と。そし
てこうした能力こそが、新生児にあらかじめそなわっているという意味で、ア
プリオリな能力であることが導かれたことになる。
　以上のことからすると、こうした潜在的能力をアプリオリにそなえている現
実の乳児の在り方こそが、フッサール現象学において想定されざるをえなかっ
た自他の一体化や共存や意識の統一の根拠となっていることになる。さらには、

メルロ - ポンティによって解明されているところの、前交流の層は、やはり上述した潜在的能力をそなえている乳幼児の在り方をその内実としている、ということも明らかとなった。そうである以上、フッサールの思索における原子どもの在り方やメルロ - ポンティの思索における前交流の層が現実の乳幼児の在り方において閃きだされていることになる。このことは、本書が一貫して目指してきたところの、経験科学における乳幼児の在り方の解明によって哲学としての現象学の根拠が明らかにされた、ということを意味しているはずである。と同時に、現実に生きられている乳幼児の在り方には、哲学としての現象学によって記述され、解明されていることが凝縮されている、ということも明らかになったはずである。しかも、哲学としての現象学によって解明されていることが現実の乳幼児の在り方に凝縮されていることは、その独創性ゆえに本来は私的で個別的であった現象学の思索を普遍化していることにもなる。さらには、こうして明らかにされたことは、子どもと関わるおとなによって明証的に体験されているからこそ、哲学としての現象学を経験科学の観点から捉え直すことにもなったはずである。

　そして以上のことからは、乳幼児とは、以後の人間としての生き方の根拠であると同時に、哲学としての現象学の思索とその普遍化の根拠でもあるような存在者のことである、ということが導かれたのではないだろうか。

注

第1章

1）実存については、第4章第2節で改めて取り挙げる

2）メルロ－ポンティ自身は、幼児が事柄の本質を鋭く洞察していることを、幼児の描く絵から解明している（cf., Merleau-Ponty, 1962, p.55, 183頁以下；1969, p.209-p.210, 199頁-200頁参照）。メルロ－ポンティにおけるこうした解明についての乳幼児教育学の観点からの再解釈については、『子どもの心を探る』（中田, 2011a）42頁-46頁と『子どもから学ぶ教育学』（中田, 2013）48頁-53頁を参照。

　　現象学的精神病理学においても、同様のことが認められている。例えばブランケンブルクは、統合失調症の「患者が経験していることと現象学者が経験していることとのあいだの類似性」（Blankenburg, 1971, S.67, 115頁）について考察している。木村も、自分と他者とのあいだで生じていることについて、および統合失調症におけるあいだの根本的な変化について、「特別の哲学的教養もない一人の女性患者によって、驚嘆すべく的確で精緻な表現でもってなまなましく語られている」（木村, 1981, 190頁）ことを、事例と共に指摘している。現象学的精神病理学におけるこうした事態については、第5章で改めて展開することにしたい。

3）それどころか、本文で述べたような現実の出来事や人間の在り方は哲学としての現象学における問題点を解消しうる、ということについては第7章で詳述する。

4）哲学としての現象学が、現象学者の内面に閉じられているため、本来は私的で個別的な学問でしかないということ、またこうした個別性を普遍化するのが現象学に基づく経験科学である、ということについては第6章で詳述する。

第2章

1）「蚕食する（empiéter）」という言葉は、蚕が桑の葉を食べつくすように、相互に一方が他方の領域を己が身に取り込んで、重複し合うことを意味し、後期メルロ－ポンティの思索において重要な術語となっている。

第3章

1）サルトルにおける現実の人間の捉え方については『感受性を育む』（中田, 2008）第2章で詳述した。

2）対他存在における自他の相克についてのサルトルの思索については、『表情の感受性』（中田, 2011 b）の第 2 章第 2 節125頁以下で詳述した。

3）ブーバーにおける我 - 汝の関係については、『感受性を育む』（中田, 2008）第 3 章で詳述した。

第 4 章

1）人間が何らかの仕方で現に存在していることを強調する場合は、「在る」と表記し、たんに主語と述語とを結びつける際の繋辞として使う場合は「ある」と表記する。

2）ニーチェの Der Wille zur Macht からの引用に際しては、ドイツ語原典の頁数の後にアフォリズム番号も併記する。

3）自己触発と気分との関係については、『授業の現象学』（中田, 1993）第 4 章で詳しく考察した。

第 5 章

1）ハイデガーについての以上の記述に関する引用文を含めた詳しい考察については、『感受性を育む』（中田, 2008）第 5 章や『授業の現象学』（中田, 1993）77頁 -79頁で行なった。

2）筆者が知る限り、後期フッサールには、こうした観点はみられなくなっている。

3）ハイデガーにおける「存在を明けひらく」に関する引用に基づく詳しい考察については、『授業の現象学』（中田, 1993）77頁以下を参照。

第 7 章

1）教育学の領域における現象学に基づく事例研究としては次の著作が挙げられる。

中田基昭 1984：『重症心身障害児の教育方法』東京大学出版会

田端健人 2001：『「詩の授業」の現象学』川島書店

遠藤司 2006：『重障児の身体と世界』風間書房

遠藤野ゆり 2009：『虐待された子どもたちの自立』東京大学出版会

大塚類 2009：『施設で暮らす子どもたちの成長』東京大学出版会

中田基昭編著 2010：『現象学から探る豊かな授業』多賀出版

福田学 2010：『フランス語初期学習者の経験解明』風間書房

中田基昭編著；大塚類・遠藤野ゆり著 2011：『家族と暮らせない子どもたち』新

曜社

中田基昭編著；大岩みちの・横井紘子著 2016：『遊びのリアリティー』新曜社

中田基昭編著；篠瀬はるか・鈴木志織・加藤優花著 2019：『保育のまなざし』新
　　曜社

引用文献

Binswanger, L. 1947：*Ausgewählte Vorträge und Aufsäze, Band I. Zur phänomenologischen Anthropologie*, Francke, Bern, 荻野恒一・宮本忠雄・木村敏共訳『現象学的人間学』1967 みすず書房

Blankenburg, W. 1971：*Der Verlust der natürlichen Selbstverständlichkeit*, Ferdinand Enke, Stuttgart, 木村敏・岡本進・島弘嗣共訳『自明性の喪失』1978 みすず書房

Boss, M. 1957：*Psychoanalyse und Daseinsanalytik*, Hans Huber, Bern/Stuttgart, 笠原嘉・三好郁男共訳『精神分析と現存在分析論』1962 みすず書房

Dilthey, W. 1927：*Wilhelm Diltheys Gesammelte Schriften VII. Band Der Aufbau der geschichtlichen Welt in den Geisteswissenschaften*, Teubner, Leipzig/Berlin

Dilthey, W. 1957：*Wilhelm Dilthey Gesammelte Schriften V. Band Die geistige Welt*, Teubner, Stuttgart

Dilthey, W. 1960：*Wilhelm Dilthey Gesammelte Schriften VIII. Band Weltanschauungslehre*, Teubner, Stuttgart

フランクル V. E. 1961：『夜と霧』霜山徳爾訳 みすず書房

Gadamer, H.-G. 1975：*Wahrheit und Methode*, J. C. B. Mohr (Paul Siebeck), Tübingen, 轡田収・麻生建・三島憲一他訳『真理と方法I』1986 法政大学出版局

Heidegger, M. 1927：*Sein und Zeit*, Max Niemeyer, Tübingen, 原佑・渡邊二郎訳『存在と時間II』2003 中央公論新社

Held, K. 1966：*Lebendige Gegenwart*, Martinus Nijhoff, den Haag, 新田義弘・小川侃・谷徹・斎藤義典共訳『生き生きした現在』1988 北斗出版

Held, K. 1972：Das Problem der Intersubjektivität und die Idee einer phänomenologischen Transzendentalphilosophie, *Perspektiven transzendentalphänomenologiscr Forschung*, Martinus Nijhoff, den Haag, 坂本満抄訳「相互主観性の問題と現象学的超越論的哲学の理念」新田義弘・村田純一編『現象学の展望』1986 国文社

Held, K. 1980：Husserls Rückgang auf das phainómenon und die geschichtliche Stellung der Phänomenologie, *Dialektik und Genesis in der Phänomenologie*, Karl Alber, Freiburg/München, 児島洋訳「フッサールの、「ファイノメノン」への復帰」『思想』No. 652 1978. 10 岩波書店

Husserl, E. 1921：Gemeingeist II（Ms. M III 31 X）〔ケルン大学フッサール文庫所収の遺稿〕

Husserl, E. 1933：Ms. A V 5〔ケルン大学フッサール文庫所収の遺稿〕

Husserl, E. 1950：*Cartesianische Meditationen und Pariser Vorträge*, Martinus Nijhoff, den Haag, 船橋弘訳「デカルト的省察」細谷恒夫責任編集『世界の名著51　ブレンターノ・フッサール』1970 中央公論社

Husserl, E. 1972：*Erfahrung und Urteil*, Felix Meiner, Hamburg, 長谷川宏訳『経験と判断』1975 河出書房新社

Husserl, E. 1973：*Zur Phänomenologie der Intersubjektivität Dritter Teil: 1929-1935*, Martinus Nijhoff, den Haag

Husserl, E. 1976：*Die Krisis der europäischen Wissenschaften und die transzendentale Phä-nomenologie*, Martinus Nijhoff, den Haag, 細谷恒夫・木田元訳『ヨーロッパ諸学の危機と超越論的現象学』1974 中央公論社

木村敏 1975：『分裂病の現象学』弘文堂

木村敏 1981：『自己・あいだ・時間』弘文堂

『広辞苑』1976：新村出編『第二版補訂版』岩波書店

レイン R. D. 1973：『結ぼれ』村上光彦訳 みすず書房

Merleau-Ponty, M. 1945：*Phénoménologie de la perception*, Gallimard, Paris, 竹内芳郎・小木貞孝共訳『知覚の現象学1』1967 みすず書房

Merleau-Ponty, M. 1960：*Signes*, Gallimard, Paris, 木田元訳「哲学者とその影」竹内芳郎監訳『シーニュ2』1970 みすず書房

Merleau-Ponty, M. 1962：Les relations avec autrui chez l'enfant, Res cours de Sorbonne, Centre de Documentation Universitaire,「幼児の対人関係」滝浦静雄・木田元共訳『眼と精神』1966 みすず書房

Merleau-Ponty, M. 1964a：*L'Œil et l'Esprit*, Gallimard, Paris,「眼と精神」滝浦静雄・木田元共訳『眼と精神』1966 みすず書房

Merleau-Ponty, M. 1964b：*Le Visible et l'Invisible*, Gallimard, Paris, 滝浦静雄・木田元共訳『見えるものと見えないもの』1989 みすず書房

Merleau-Ponty, M. 1969：*La prose du monde*, Gallimard, Paris, 滝浦静雄・木田元共訳『世界の散文』1979 みすず書房

中田基昭 1993：『授業の現象学』東京大学出版会

中田基昭 2008：『感受性を育む』東京大学出版会

中田基昭 2011a：『子どもの心を探る』創元社

中田基昭 2011b：『表情の感受性』東京大学出版会

中田基昭 2013：『子どもから学ぶ教育学』東京大学出版会

Nietzsche, F. 1964：*Der Wille zur Macht*, Kröner, Stuttgart, 原佑訳『ニーチェ全集12　権力への意志（下）』1980 理想社

小川侃 1979.6：「〈見ること〉と〈触れること〉」『理想』No. 553 理想社

Sartre, J.-P. 1943：*L'être et le néant*, Gallimard, Paris, 松浪信三郎訳『存在と無 I・II・III』1956・1958・1960 人文書院

Scheler, M. 1974：*Wesen und Formen der Sympathie*, Francke, Bern/München, 青木茂・小林茂訳『シェーラー著作集8　同情の本質と諸形式』1977 白水社

Schmitz, H. 1967：*System der Philosophie III/1*, H. Bouvier u. Co., Bonn

田村隆一 2015：「人間性心理学の研究法と研究上のチャレンジに対する提案」『人間性心理学研究』第33巻第1号

Theunissen, M. 1977：*Der Andere*, de Gruyter, Berlin/New York

ヴァン・デン・ベルク J. H. 1976：『人間ひとりひとり』早坂泰次郎・田中一彦訳 現代社

Waldenfels, B. 1971：*Das Zwischenreich des Dialogs*, Martinus Nijhoff, den Haag, 山口一郎抄訳「対話の中間領域」新田義弘・村田純一編『現象学の展望』1986 国文社

Wallon, H. 1949：*Les origines du caractère chez l'enfant*, Presses Universitaires de France,

Paris, 久保田正人訳『児童における性格の起源』1965 明治図書
渡辺二郎 1974：『ハイデッガーの実存思想　第二版』勁草書房

索　引

筆者紹介

中田　基昭（なかだ　もとあき）

1948年　東京都に生まれる
1980年　東京大学大学院教育学研究科博士課程修了（教育学博士）
2009年　東京大学大学院教育学研究科定年退職
2020年　岡崎女子短期大学退職
現　在　東京大学・名誉教授

〈主要著書〉
『重症心身障害児の教育方法』（東京大学出版会 1984）、『授業の現象学』
（東京大学出版会 1993）、『教育の現象学』（川島書店 1996）、『現象学から
授業の世界へ』（東京大学出版会 1997）、『重障児の現象学』（編著、W. ド
レーアー・B. フォルネフェルト共著、川島書店 2003）、『感受性を育む』
（東京大学出版会 2008）、『現象学から探る豊かな授業』（編著、多賀出
版 2010）、『表情の感受性』（東京大学出版会 2011）、『子どもの心を探る』
（創元社 2011）、『家族と暮らせない子どもたち』（編著、新曜社 2011）、『子
どもから学ぶ教育学』（東京大学出版会 2013）、『子育てと感受性』（創元
社2014）、『육아와 감수성』（『子育てと感受性』の権汰珠らによる韓国語訳、
良書院 2016）、『遊びのリアリティー』（編著、新曜社2016）、『保育のまな
ざし』（編著、新曜社 2019）

（ドイツ語分担執筆）
'Dialog und Unterricht', *Phänomenologie der Praxis im Dialog zwischen
Japan und dem Westen*, hg. v. H.Kojima, Königshausen & Neumann 1989
'Phänomenologie der Fremderfahrung der Anderen', *Die erscheinende
Welt*, hg. v. H. Hüni/P. Trawny, Duncker & Humblot, 2002

深く豊かな人間探究をめざして──経験科学からみた現象学──

2021年 3月10日　第1版第1刷発行

ⓒ著　者　　中　田　基　昭
発行所　　多 賀 出 版 株式会社
〒102-0072　東京都千代田区飯田橋3-2-4
電　話：03(3262)9996代
E-mail:taga@msh.biglobe.ne.jp
http://www.taga-shuppan.co.jp/

印刷／文昇堂　製本／高地製本

ISBN978-4-8115-8011-1　C1037